LES
FABULISTES

POPULAIRES

ILLUSTRÉS

PAR BERTALL,

RECUEILLIS ET MIS EN ORDRE PAR ÉMILE DE LA BÉDOLLIÈRE.

PRIX : **70** CENTIMES.

PARIS,
PUBLIÉ PAR GUSTAVE BARBA, LIBRAIRE-ÉDITEUR,
RUE DE SEINE, 31.
50.

PANTHÉON POPULAIR

LES FABULISTES POPULAIRES

ILLUSTRÉS PAR BERTALL.

GUSTAVE BARBA, ÉDITEUR.

BEST, HOTELIN ET RÉGNIER, GRAVEURS.

NOTICE SUR LA FABLE.

Mettre en scène dans un poëme de peu d'étendue des hommes, des animaux et même des objets inanimés qu'on fait agir et parler comme des êtres raisonnables; déduire de ces récits quelque conséquence morale ou quelque vérité d'observation, tel est le but de la fable, autrement appelée apologue. « Les fables, a dit M. Villemain dans un rapport à l'Académie, sont la mise en action d'excellentes maximes, en même temps qu'elles contiennent de piquantes peintures de mœurs. »

L'origine de ce genre de poésie remonte à celle de la littérature; il eut l'Orient pour berceau. Le premier fabuliste connu est un esclave indien, nommé Lokman, dont Mahomet parle avec éloge dans le Koran, et qui, selon l'historien persan Mirkhoud, était contemporain du roi David. Le morceau suivant peut donner une idée de son talent primitif :

« Un tailleur qui avait beaucoup volé dans son métier fut porté en songe au

Le Meunier et le Rat.

Paris. Typographie Plon frères, rue de Vaugirard, 36.

jugement de Dieu, où on lui présenta une grande enseigne faite de tous les morceaux d'étoffe qu'il s'était appropriés. Cela l'étonna fort : il cria miséricorde, promettant de ne plus retomber dans pareille faute. Le matin, étant venu à sa boutique, il conta le songe à ses garçons et leur fit part de la ferme résolution qu'il avait prise de ne plus voler.
— Mes amis, leur dit-il, si vous me voyez jamais mettre quelque pièce de côté, criez-moi : « Maître, l'enseigne! » Au bout de quelque temps, sa peur se passa; il oublia et le songe et sa résolution, et s'étant mis à tailler un habit d'une riche étoffe, il en prit un grand morceau. Ses garçons lui crièrent incontinent : « Maître, l'enseigne! » Lui prenant la parole, leur répondit : « Taisez-vous! j'y pensais moi-même; mais je me souviens fort bien qu'il n'y avait point de cette étoffe dans l'enseigne! »

Le bramine Bidpaï vécut à peu près dans le même temps que Lockman, et se rendit célèbre dans toute l'Asie par l'ouvrage intitulé *Kalilâh et Dimnâh*, sorte de roman dont les interlocuteurs sont deux chacals, animaux auxquels les Indiens supposent la subtilité du renard.

Les Hébreux cultivaient

aussi l'apologue. Joatham, dans le chapitre ix du *Livre des Juges*, raconte aux habitants de Sichem l'histoire des arbres qui cherchent un roi, et qui s'adressent successivement à l'olivier, au figuier, à la vigne et au buisson. Une fable du même genre, presque aussi ancienne, a été conservée par un rabbin juif, Ben Adda. « Abraham, éclairé par la sagesse divine, s'efforçait de retirer de l'erreur où il le voyait, Tharé, son père, qui, loin de rougir de son aveuglement, s'irrita des sages conseils que son fils lui donnait pour l'arracher à l'idolâtrie. Il alla sur-le-champ le dénoncer lui-même à Nemrod, roi du pays, comme un ennemi des divinités tutélaires des Chaldéens. Ce prince fit venir Abraham, à qui il commanda d'adorer le feu. Celui-ci répondit qu'il valait mieux adorer l'eau qui éteint le feu. Nemrod consentit à ce qu'il adorât l'eau, puisque cela lui paraissait plus raisonnable. Abraham s'en défendit, disant qu'il était plus convenable d'adorer les nuées qui soutiennent les eaux. Le monarque lui ordonna donc de se prosterner devant les nuées, puisqu'elles lui semblaient plus dignes de sa vénération. Mais Abraham représenta au roi que les nuées étaient poussées par le vent qui dissipe les nuées. Le roi exigea de lui l'adoration du vent. Abraham refusa encore d'obéir, en alléguant pour raison que l'homme qui résiste au vent était plus digne d'un semblable hommage. Nemrod, embarrassé, gardait le silence, lorsque le patriarche s'écria : Eh! pourquoi ne pas adorer plutôt celui qui créa l'homme, le vent, les nuées, l'eau et le feu? »

En Occident, le premier échantillon connu de l'apologue est un épisode du poëme des travaux et des jours (ἔργα καὶ ἡμέραι,) composé par Hésiode, qui était né à Ascra, en Béotie, 944 ans avant Jésus-Christ : « Un épervier avait saisi un rossignol harmonieux; il l'emportait dans les nues, et l'innocent oiseau percé d'une serre barbare, pleurait amèrement. L'impérieux épervier lui tint ce langage : « Malheureux, pourquoi cet inutile effort et ces vains cris? te voilà retenu par une puissance plus forte que la tienne, et tu vas où je te mène, malgré l'empire de tes accents; il m'est aussi facile de faire un souper de toi que de te rendre la liberté. C'est une folie de se battre contre une force supérieure, car non-seulement on n'obtient pas la victoire, mais on voit aggraver ses peines par la nouvelle insulte qu'on reçoit. »

» C'est ainsi que parla l'épervier au vol étendu et rapide. »

On ignore dans quel siècle furent composées les fables grecques qui nous sont parvenues dans le recueil attribué à Esope le Phrygien. La vie de cet auteur, ordinairement placée en tête des fables de La Fontaine, est un véritable roman écrit par Maxime Planude, qui était ambassadeur de Constantinople à Venise, en l'année 1377. Zamebacer, interprète du Koran, prétend que l'Esope grec n'est autre que l'esclave Lokman.

Les fables d'Esope furent mises en vers par un certain Babrias, qui vivait deux siècles avant notre ère. Julius Phædrus, affranchi d'Auguste, les imita en vers latins, dans un style élégant et pur qui lui a valu l'honneur d'être étudié dans tous les collèges depuis l'année 1596, époque à laquelle son manuscrit fut découvert par François Pithou, avocat au parlement de Paris. C'est le seul fabuliste dont Rome puisse s'enorgueillir; cependant on trouve dans les œuvres d'Horace, *le Rat de ville et le Rat des champs* et *le Cheval s'étant voulu venger du Cerf*. L'historien Valère Maxime nous a conservé *les Grenouilles demandant un roi*. Il y a encore quelques fables éparses dans les *Nuits Attiques* d'Aulu-Gelle, dans *la Florida* de Lucius Apuleius; et dans le *Polyhistor* de Caïus Julius Solinus, grammairien du deuxième siècle.

Vers le même temps Aphthone, rhéteur d'Antioche, écrivait quelques fables et définissait l'apologue : « un discours inventé pour représenter la vérité par de certaines images. » Quarante-deux fables nous ont encore été laissées par Rufus Festus Avienus, contemporain de Théodose le Jeune.

La chute de l'empire et l'invasion des barbares n'empêchèrent point quelques hommes d'élite de se livrer à la composition des fables. Théodebald, roi d'Austrasie, mort en l'an 655, en fit plusieurs, entre autres celle-ci, qu'il débita, suivant Grégoire de Tours, à un seigneur enrichi par de nombreuses concussions.

« Un serpent s'étant un jour glissé dans une bouteille pleine de vin, s'en gorgea si fort qu'il n'en put sortir. Le maître survint et lui dit : Gourmand, rends ce que tu as pris, et tu sortiras. »

Saint Cyrille de Thessalonique, apôtre des Bohémiens, de 872 à 882, a écrit en grec quatre-vingt-quinze fables divisées en quatre livres. Dans le même siècle, Ignace, surnommé le Diacre, abrégea les fables de Babrias, et les concentra chacune dans quatre vers. Quelques fabulistes s'essayèrent pendant la période qui vit l'organisation féodale succéder à la société romaine. Tels furent Gauffred, auteur de fables en vers imitées d'Esope, et Romulus, qui composa au dixième siècle quatre-vingts fables pour l'instruction de son fils Tyberinus. Mais la gloire d'avoir écrit les premières fables en vers français appartient à une dame normande, Marie de France, dont le recueil date de l'année 1141. On ignore les particularités de son existence; elle dit seulement dans l'épilogue de son livre :

Marie ai num; si sui de France.

Elle raconte plus loin que le dit d'Ysopet, dont elle offre la traduction, avait été *translaté* de grec en latin, puis mis en anglais par le roi Henri Ier. Elle en entreprit une version en langue romane, à la requête du comte Guillaume, qui doit être Guillaume d'Ypres, réfugié en Angleterre, après avoir été dépossédé par Louis le Gros de la Flandre, à laquelle il prétendait.

Pur amur le cumte Willaume,
Le plus vaillant de cest royaume
M'entremis de cest livre feire,
Et de l'angleiz en roman treire.
Ysopet apelum ce livre
Qu'il traveilla et fist escrire;
De griec en latin le turna,
Li reis Henris qui moult l'ama,
Le translata puis en angliez,
Et jeo l'ai rimé en Franceiz.

Il paraît que Marie de France passa la plus grande partie de sa vie à Londres, et c'est à Etienne, roi d'Angleterre, que son livre est sans doute dédié, quoiqu'elle ne désigne pas ce prince nominativement.

Les poésies de Marie de France sont dignes d'attention; malheureusement elles sont écrites dans une langue aujourd'hui perdue, et ne peuvent être lues que par les érudits. Pour mettre nos lecteurs à même de les apprécier, nous allons essayer d'en traduire fidèlement quelques passages.

Le Chien et la Brebis.

Un chien menteur et fécond en artifices intenta un procès à la brebis, et la mena devant la justice. Il lui réclamait un pain qu'il lui avait, disait-il, prêté. La brebis nia le fait, et soutint qu'elle n'avait fait au chien aucun emprunt. — « Avez-vous des témoins? dit le juge au demandeur. — J'en ai deux : c'est le milan et le loup. » On les fit venir, et ils affirmèrent par serment que ce que disait le chien était vrai. Savez-vous pourquoi ils se conduisirent ainsi? C'est qu'ils espéraient avoir un morceau de la brebis si elle venait à mourir.

Le juge dit à la brebis : « Pourquoi avez-vous nié votre dette et menti pour si peu de chose? Je vous condamne à rendre le pain. » La malheureuse ne put s'acquitter; elle fut obligée de vendre sa laine. C'était l'hiver; elle mourut de froid, et le chien, le loup et le milan se partagèrent ses dépouilles.

Je veux vous montrer par cet exemple la conduite de maints hommes qui par mensonge et subtilité forcent les pauvres à plaider. Ils font valoir de faux témoignages qu'ils payent avec l'argent des pauvres. Peu leur importe ce que devient le malheureux, pourvu que chacun en ait sa part.

Le Loup et la Grue.

Il advint qu'un loup rongea un os qui lui resta dans le gosier, et lui causa une vive douleur. Il assembla toutes les bêtes, et fit venir auprès de lui les oiseaux, pour leur demander s'ils pouvaient le guérir. Ils tinrent conseil entre eux, et déclarèrent que la grue seule y parviendrait. « Elle a, dirent-ils, le cou long et le bec gros, et elle extraira facilement l'os qui vous tourmente. » Le loup lui promit une forte récompense; la grue enfonça son bec dans la gueule du méchant, en tira l'os, et le mit en demeure de tenir sa promesse. — Eh quoi! dit malicieusement le loup, n'es-tu pas bien payée de ta peine, puisque je ne t'ai pas étranglée quand tu as mis ta tête dans ma gueule? Tu es folle de réclamer encore un salaire, après être sortie vivante de mes griffes, et je suis aussi fou que toi de ne pas t'avoir coupé le cou!

Il en est ainsi du mauvais seigneur. Si un pauvre homme, après lui avoir rendu service, vient demander sa récompense, il n'en obtiendra rien.

Ce même amour des faibles, cette même sympathie pour les pauvres opprimés, se retrouvent dans la plupart des fables de Marie de France. Elle a traité longtemps avant La Fontaine le sujet du *Loup et l'Agneau*; mais notre célèbre fabuliste tire de sa narration cette conclusion désespérante :

La raison du plus fort est toujours la meilleure.

Il semble accepter cette maxime. Marie de France, au contraire, proteste énergiquement contre la tyrannie des seigneurs féodaux.

« C'est ainsi que les riches voleurs, les vicomtes et les juges, traitent ceux qu'ils ont sous leur juridiction. Ils trouvent par convoitise assez de fausses occasions pour les confondre, les citent souvent en justice, et leur enlèvent la chair et la peau, comme le loup fit à l'agneau.

Ci funt li riche robéur,
Li vesconte e li jugéur,
De cax k'il unt en lur justise.
Fauxe aquoison, par cuvertise,
Truvent assez pur ox cunfundre,
Suvent les funt en plais semundre,
La char lur tolent e la pel,
Si cum li lox fist à l'aignelet.

La morale du *Lièvre et les Grenouilles* de La Fontaine est tout simplement qu'il n'est pas de poltron

Qui ne puisse trouver un plus poltron que soi.

La Lièvre et les Grenouilles de Marie de France se termine par une plainte touchante sur le sort des serfs attachés à la glèbe : « C'est à cela que doivent songer ceux qui veulent changer de pays et abandonner leur ancien séjour; ils ne trouveront jamais une terre où ils puissent être sans frayeur, sans douleur et sans travail : »

> De ce deivent purpenser
> Cil qui se voelent remuer,
> Et lor ancien liu guerpir
> Qui lor en puet après venir;
> Jameis pays ne troverunt
> N'on cele terre ne vearunt
> K'il puissent estre sanz poour,
> Ou sanz travail, u sanz dolour.

Pendant que les fables de Marie de France se popularisaient, parut le plus gigantesque apologue que l'on eût conçu jusqu'alors. Ce fut le *Roman du Renard*, long récit en vers, dont tous les personnages sont des animaux. On y voit Gorpil (le renard) et sa femme Hermeline; Ysingrin (le loup) et sa femme Hersent; Bernart l'archi-prestre (l'âne); Grimbers (le blaireau); Bruus (l'ours); Thibers (le chat); Tiercelin (le corbeau); Tardix (le limaçon); Roonel (le chien); Belin (le mouton). Le roman primitif, dont l'auteur est resté inconnu, obtint un succès colossal; il fut traduit dans toutes les langues européennes, et donna naissance à de nombreuses imitations, telles que le *Renard coroné*, *Renard Bestourné*, par Rustebuef, le *Petit Renard*, par Jacquemart Gieslée de Lille, et *Renard le contrefait* qui débute par ce vers qu'a emprunté La Fontaine :

> Dou tans que les bestes parloient.

A la même époque florissait en Perse le poëte Saadi, mort en 1296, dont le *Gulistan* contient plusieurs fables. Il y traite le vieux sujet de *la Cigale et la Fourmi*, qu'on lit dans Esope et dans ses successeurs; mais il a substitué un rossignol à la cigale. « Le pauvret, épuisé par un long jeûne, vola vers le fourmi, et d'un ton suppliant il lui dit : « Bonne voisine, vous savez que la bienfaisance est l'apanage de l'heureux et le capital de l'homme heureux : voyez, j'ai consommé inconsidérément les instants précieux de la vie, tandis que, plus prévoyante que moi et sachant les mettre à profit, vous avez amassé un riche trésor. Ne puis-je espérer que vous m'y ferez participer ? »

« La fourmi lui répondit : Jour et nuit le bosquet ne retentissait que de vos chants, tandis que je donnais le même temps au travail. Sans cesse enivré de la fraicheur de la rose ou séduit par les charmes trompeurs du printemps, vous n'avez pas réfléchi, jeune insensé, que le printemps est suivi de l'automne, et qu'il n'y a pas de chemin qui n'aboutisse au désert. »

C'est une chose digne d'observation que le peu d'imagination qu'on a déployé dans le genre qui semblait en exiger le plus. Les thèmes fournis par Esope, et peut-être avant lui par Lokman, ont défrayé, dans plusieurs pays, de nombreuses générations d'écrivains. Babrias, Phèdre, Avianus, Aphthone, Romulus, saint Cyrille, Marie de France, Saadi ne sont souvent que des interprètes plus ou moins habiles d'une conception antérieure, et les fabulistes qui leur succèdent se traînent sur leurs traces. L'*Ysopet-Avienet*, composé en 1333 pour Jeanne de Bourgogne, femme de Philippe VI, n'est qu'une traduction d'Esope

et d'Avienus, de même qu'un recueil manuscrit conservé à la Bibliothèque nationale de Paris, sous le n° M. 21-3; le *Castoiement d'un père à son fils*, ouvrage du XVIᵉ siècle, n'est encore qu'une traduction de la *Disciplina clericalis*, recueil de fables imitées du grec par Rabbi Moïse Sephardi, juif espagnol converti, qui fut baptisé en 1105 sous le nom de Pierre Alphonse. On y rencontre encore la célèbre fable de *la Cigale et la Fourmi*, sous le titre *Li Fourmis et li Crequets*.

> Sire crequet, dist la formiz,
> Vos entendiés à déduiz,
> Au chantier, à l'esbanoier,
> Et je au forment porchacier,
> Dont je vivrai or ça dedenz,
> Et vos en aureiz faim as denz.
> Gart or chacun ce que il a.
> Bien sai que qui me loera
> Que me disgarnisse por vos,
> N'est pas de mon bien trop gelos.

Esope continue à défrayer la plupart des fabulistes jusqu'à La Fontaine. Entre les années 1491 et 1498, il est traduit en latin par Laurent Valla, et mis en français par Guillaume Tardif, du Puy-en-Velay, liseur du roi Charles VIII. Dans cette dernière imitation, les compositions primitives sont considérablement amplifiées et appropriées aux mœurs modernes. Voici, par exemple, la morale de la fable du *Cheval forcé de porter la peau de l'âne* :

« Le dessus dict apologue veut donner à entendre que les riches, puissants hommes des villes et cités, ne doivent pas laisser porter aux povres ruraux et champestres toutes les charges des tailles et imposts, lesquels sont mis sur eulx par les princes, pour la conservation de la chose publique; ains les doivent relever en payant partie desdicts imposts; car, quand les ruraux et champestres seront tant chargés, et que on aura prins et plumé toute leur substance, il conviendra puis après que ceulx qui sont riches et puissants fournissent au demourant. »

L'ouvrage de Tardif fut imprimé fastueusement, avec miniatures et lettres en or. Il était néanmoins oublié en 1535, quand maistre Guillaume Haudent, prêtre rouennais, publia *trois cent soixante-six apologues d'Esope, traduits nouvellement du latin en rithme françoyse*.

Nous sommes arrivés à l'époque où commence notre recueil, qui permettra de suivre dans tout son développement l'histoire de l'apologue en France. Tous les écrivains qui ont cultivé ce genre ont, presque sans exception, trouvé place dans ce volume, fruit de plusieurs mois de recherches laborieuses.

Les fables sont, pour la jeunesse, un moyen puissant d'éducation morale et d'exercice intellectuel. Elles offrent même à l'âge mûr une lecture agréable, qui prête à la méditation; aussi peu d'auteurs sont-ils plus populaires que La Fontaine et Florian, nos deux plus célèbres fabulistes. Mais leurs œuvres ne suffisent pas, qu'on nous passe le mot, à la consommation générale. On les a vite épuisées, et l'on manque souvent de poëmes qu'on puisse mettre entre les mains des enfants pour former leur mémoire, développer leurs idées et leur inculquer des enseignements salutaires. Nous pensons donc avoir été utile au public en recueillant dans une foule de livres épars les éléments du présent recueil.

ÉMILE DE LA BÉDOLLIÈRE.

LES FABULISTES POPULAIRES.

HABERT (François), né à Issoudun, en Berry, exerça auprès de plusieurs prélats les fonctions de secrétaire. Son poëme intitulé *les Trois nouvelles Déesses du temple de chasteté*, lui valut quelque réputation. La fable que nous citons de lui est remarquable par la gracieuse naïveté du langage : elle a été imitée par La Fontaine. François Habert était né en l'année 1520.

Fable du Coq et du Renard.

Le renard, par bois errant,
   Va querant,
Pour sa dent, tendre pasture,
   Et si loin en la fin va,
   Qu'il trouva
Le coq par mésaventure.

Le coq, de grand peur qu'il a,
   S'envola
Sur une ente haute et belle,
Disant que maistre renard
   N'a pas l'art
De monter dessus icelle.

Le renard, qui l'entendit,
   Lui a dit

Pour mieux couvrir sa fallace :
Dieu te garde, ami très-cher!
   Te chercher
Suis venu en cette place,

Pour te raconter un cas
   Dont tu n'as
Encore la connaissance;
C'est que tous les animaux,
   Laids et beaux,
Ont fait entre eux alliance.

Toute guerre cessera;
   Ne sera
Plus entr'eux fraude maligne;
Sûrement pourra aller
   Et parler
Avecque moi la géline.

De bestes un million
   Le lyon
Mène jà par la campagne;
La brebis avec le loup;
   A ce coup,
Sans nul danger s'accompagne.

Tu pourras voir ici bas
　　Grands ébats
Demener chacune beste :
Descendre donc il te faut
　　De là haut
Pour solenniser la feste.

Or fut le coq bien subtil :
　　J'ai, dit-il,
Grande joi' d'une paix telle,
Et je te remerci' bien
　　Du grand bien
D'une si bonne nouvelle.

Cela dit, vient commencer
　　A hausser
Son col et sa creste rouge,
Et son regard il épard
　　Mainte part,
Sans que de son lieu ne bouge ;

Puis dit : J'entends par les bois
　　Les abois
De trois chiens qui cherchent proie :
Ho ! compère, je les voi
　　Près de toi ;
Va avec eux par la voie.

Oh ! non ; car ceux-ci n'ont pas
　　Sçu le cas
Tout ainsi comme il se passe,
Dit le renard : je m'en vas
　　Tout là bas
De peur que n'aye la chasse.

Ainsi fut, par un plus fin,
　　Mise à fin
Du subtil renard la ruse.
Qui ne veut être déçu
　　A son sçu
D'un tel engin faut qu'il use.

VAUQUELIN DE LA FRESNAYE (JEAN), né en 1526, mort en 1606, fut successivement avocat du roi, lieutenant général, et président au bailliage de Caen. Son principal ouvrage est un Art poétique français.

La Belette.

Il advint d'aventure un jour qu'une belette,
De faim, de pauvreté, gresle, maigre et défaite,
Passa par un pertuis dans un grenier à blé,
Où sur un grand monceau de froment assemblé,
Dont gloute elle mangea par si grande abondance,
Que comme un gros tambour s'enfla sa grosse pance.
Mais voulant repasser par le pertuis étroit,
Trop pleine elle fut prise en ce petit détroit.
Un compère le rat, lors lui dit : O commère,
Si tu veux ressortir, un long jeûne il faut faire ;
Autrement par le trou tu ne repasseras,
Puis au danger des coups tu nous demeureras.

PATRIX (PIERRE), né à Caen en 1583, mort à Paris en 1671, a publié des poésies diverses. Il était attaché à la personne de Gaston d'Orléans, qui lui fit obtenir le gouvernement de Limoux. Il mourut presque centenaire. S'étant sauvé d'une grave maladie à l'âge de quatre-vingts ans, il dit en se levant : « Hélas ! cela ne vaut guère la peine de s'habiller. »

Le Songe.

Je rêvais cette nuit, que de mal consumé,
Côte à côte d'un pauvre on m'avait inhumé,
Et que, n'en pouvant pas souffrir le voisinage,
En mort de qualité je lui tins ce langage :
Retire-toi, coquin ; va pourrir loin d'ici ;
Il ne t'appartient pas de m'approcher ainsi.
Coquin, me répond-il d'une arrogance extrême,
Va chercher tes coquins ailleurs, coquin toi-même.
Ici tous sont égaux ; je ne te dois plus rien :
Je suis sur mon fumier, comme toi sur le tien.

FURETIÈRE (ANTOINE), né à Paris en 1620, mort le 14 mai 1688, admis en 1662 à l'Académie française. Les fables qu'on trouve dans le recueil de ses poésies sont remarquables, quoique le style en ait vieilli.

Le Meunier et le Rat.

Un meunier dans une ratière
Ayant pris un puissant rat,
Çà, lui dit-il, voleur infâme, scélérat,
Je vais t'accommoder de la belle manière ;
Tu payras chèrement la farine et le blé
　　Que tu m'as jusqu'ici volé.
Le pauvre rat priant qu'on le délivre :
Pardonnez-moi, dit-il, mon maître, mon voisin,
Si j'ai pris votre blé, ce n'était que pour vivre,
Je ne suis point marchand, ni n'en tiens magasin :
Puis nous sommes tous deux de même confrérie.
On sait de quelle sorte on en use au moulin.
　　Cessez donc d'entrer en furie,
Pour quelques petits grains que ronge un larronneau ;
　　Tandis que de ferrer la mule
　　Vous ne faites point de scrupule,
　　Et d'en voler à plein boisseau.
　　Ce reproche trop véritable,
Vers le meunier le rendant plus coupable :
Je t'apprendrai, dit-il, par des mots outrageants
　　A choquer les honnêtes gens.
　　Soudain il conclut son supplice
Et fait venir le plus gros de ses chats,
Exécuteur de la haute justice
　　Contre les souris et les rats.
　　Le chat sans corde et sans potence,
　　L'étrangla suivant la sentence.

　　Ainsi l'officier de police
Condamne un malheureux pour un petit péché,
　　Tandis que d'un semblable vice,
Et parfois d'un plus grand, lui-même est entaché
Sans qu'il lui soit seulement reproché.
　　C'est donc avec grande justice
　　Que de tout temps le peuple a dit,
　　Qu'un grand voleur pend un petit.

Le Renard et les Lapins.

　　Près d'une garenne murée
　　Demeurait un fameux renard,
Qui se voyant sevré par ce rempart
　　D'y faire ordinaire curée,
　　Fit proposer aux lapins assemblés,
Qu'en lui payant certain tribut modique,
Ils ne seraient désormais plus troublés
　　Dans leur petite république.
Un vieux lapin, en plein sénat,
Dit qu'il fallait, pour le bien de l'État,
Se cotiser et se soigner soi-même,
Et qu'ils vivraient dans un bonheur extrême
　　Pour quinze ou vingt lapins par an,
　　Qu'ils offriraient à ce tyran,
　　Que, pour faciliter l'affaire,
　　La taxe serait volontaire
　　Et payable à discrétion,
Selon que chacun d'eux aurait dévotion.
Cet avis plut ; et la troupe lapine
Tout aussitôt en sa faveur opine,
Quand, au donneur d'avis, un jeune lapercau
Qui craignait un peu pour sa peau,
Rompt en visière et lui dit: Notre maître,
　　De ces vingt, en voulez-vous être?
　　Quand vous serez enrôlé le premier,
　　J'offre d'y passer le dernier.

　　Vantez-nous, tant qu'il vous plaira,
　　L'honneur, l'amour de la patrie,
　　Personne ne s'exposera
　　Quoique la morale nous crie,
　　Au trépas qui sera certain
　　Pour le salut de son prochain.

BOURSAULT (EDME), né à Mussy-l'Évêque, petite ville de Champagne, au mois d'octobre 1638. Il s'exerça avec succès dans la comédie, le roman, la fable, la poésie légère et l'épigramme. Il mourut le 15 septembre 1701, à Montluçon, où il avait obtenu l'emploi de receveur des tailles.

L'Homme et la Puce.

Par un homme en courroux la puce un jour surprise,
Touchant pour ainsi dire à son moment fatal,
Lui demanda sa grâce, et d'une voix soumise :
Je ne vous ai pas fait, dit-elle, un fort grand mal.
Ta morsure, il est vrai, me semble un faible outrage,
Dit l'homme ; cependant n'espère aucun pardon ;
Tu m'as fait peu de mal, mais j'en sais la raison ;
C'est que tu ne pouvais m'en faire davantage.

La Trompette et l'Écho.

D'où vient, dit un jour la trompette,
Qu'il ne m'échappe rien que l'écho ne répète ;
Et que pendant l'été, quand il tonne bien fort,
Loin de vouloir répondre, il semble qu'elle dort ?
Le bruit est bien plus grand quand le tonnerre gronde ;
Que lorsqu'en badinant je m'amuse à sonner.
  Echo de sa grotte profonde,
  L'entendant ainsi raisonner :
  A tort mon silence t'étonne.
Je n'hésite jamais à répondre à tes sons :
Mais j'ai, dit-elle, mes raisons
Pour ne répondre pas lorsque Jupiter tonne.
  Aux suprêmes divinités
  Jamais nos respects ne déplaisent :
  Et quand les grands sont irrités,
  Il faut que les petits se taisent.

La Colombe et la Fourmi.

  La colombe qui s'égayait
Au bord d'une fontaine où l'onde était fort belle,
  Vit se démener auprès d'elle
  Une fourmi qui se noyait.
Sensible à son malheur, mais encor plus active
A lui prêter secours par quelque bon moyen,
Elle cueille un brin d'herbe, et l'ajuste si bien,
Que la fourmi l'attrape et regagne la rive.
Quand elle fut hors de danger,
Sur le mur le plus près la colombe s'envole.
Un manant à pieds nus, qui la vit s'y ranger,
  Fait d'abord vœu de la manger,
  Et ne croit pas son vœu frivole.
  Assuré de l'arc qu'il portait,
  De sa flèche la plus fidèle
Il allait lui donner une atteinte mortelle ;
Mais la fourmi qui le guettait,
Voyant sa bienfaitrice en cet état réduite,
  Le mord si rudement au pié,
  Que se croyant estropié
Il fait un si grand bruit, que l'oiseau prend la fuite.
Par la faible fourmi ce service rendu
  A la colombe bienfaisante,
  Est une preuve suffisante
  Qu'un bienfait n'est jamais perdu.

BARRE (DE LA), né à Tours, a publié des *Fables nouvelles* (Cologne, 1687.)

L'Âne et la Cigale.

Un âne, un certain jour, au milieu d'un pacage
  Etait couché tout de son long,
Ne mangeait plus, avait le ventre rond,
  Etant plein de fourrage.
  Ne dormant point, il écoutait
  Une cigale qui chantait.
— D'où vient, dit-il à la bête qui chante,
Que vous avez une si belle voix ?
  Ce n'est pas la première fois
  Qu'elle m'a paru si touchante.
Que j'abandonnerais ce que j'ai de plus doux
Pour pouvoir chanter comme vous ?
— Vraiment, dit la cigale, il n'est pas difficile,
Et plus que moi bientôt vous deviendrez habile,
Si vous voulez vivre comme je fais.
  La nuit je prends le frais.
  La rosée est ma nourriture,
Et sans secours d'aucun autre aliment
  Je chante par nature,
Comme vous entendez, assez passablement.
L'âne dit : S'il ne faut qu'observer ce régime,
  Avant qu'il soit un mois en çà,
  Je veux entrer à l'Opéra,
  Et dans ce pays-là,
  Je m'attirerai de l'estime.
Pour réussir, monsieur Baudet jeûna,
Et jeûna tant qu'il en creva.
On ne fait presque point ce que l'on devrait faire :
Dans le choix d'un état chacun est emporté
  Par la sottise et par la vanité.
L'ignorant veut prêcher quand il devrait se taire :
Un marchand fait le noble, et le noble au contraire
  Déroge à sa qualité.
Ajoutons que toujours la cigale a chanté,
  Et que l'âne doit toujours braire.

REGNIER-DESMARETS (FRANÇOIS-SÉRAPHIN) naquit à Paris en 1632, et mourut en 1713. La pièce que nous citons de lui est intitulée fable dans ses œuvres, quoique ce ne soit pas un apologue proprement dit. Nous l'avons extraite d'un volumineux recueil de poésies françaises, latines, italiennes et espagnoles qui avaient mérité à Regnier-Desmarets d'être nommé membre de l'Académie française et de l'Académie de la Crusca de Florence.

Le Berger et la Prairie.

Au mois de mai, c'est le mois des beaux jours,
Celui des fleurs et des tendres amours,
Certain berger, le long d'une prairie
Que la saison rendait toute fleurie,
Cueillait des fleurs ; pourquoi ? pour son plaisir,
Peut-être aussi que c'était pour en faire
Une guirlande au gré de son désir,
Pour quelque jeune et charmante bergère ;
Car il prenait grand soin de bien choisir.
Quoi qu'il en soit, la moisson était belle ;
A la prairie elle parut nouvelle ;
Elle en aima les brillantes couleurs ;
Et sa surprise en la voyant fut telle,
Que, sans songer que tout cela vint d'elle.
— Où prenez-vous, dit-elle, tant de fleurs ?
  Demander où je puis prendre
  Tout ce que je vous écris
  De fin, de nouveau, d'exquis,
  De délicat et de tendre,
  Iris, c'est m'interroger,
  Comme autrefois la prairie,
  Sur la récolte fleurie,
  Interrogeait le berger.

DU RUISSEAU publia à la Haye, en 1707, des *Fables nouvelles*, tirées à un très-petit nombre d'exemplaires qui sont devenus d'une excessive rareté.

Le Vent et les Hommes.

  Le vent, ce terrible souffleur,
Las d'entendre de lui partout faire des plaintes,
Résolut d'en agir avec plus de douceur,
Et de ne plus donner avec tant de fureur
Aux maisons des mortels de si rudes atteintes ;
D'en user tout de même avec eux sur les eaux
  A l'égard de tous leurs vaisseaux :
  Car c'était par sa violence
Qu'il s'était attiré tous ces noms odieux
  De terrible, de furieux,
Et d'exterminateur des fruits de l'espérance.
Aussi pour obliger tout le monde au silence,
Son souffle ne fut plus sur la terre et les flots
Que tel qu'il le fallait pour plaire aux matelots.
Mais un jour qu'il passait au travers d'une ville,
C'était, s'il m'en souvient, l'opulente Amsterdam,
Après avoir un peu voltigé sur le Dam,
  Passe devant l'hôtel de ville,
Il se rend à la Bourse : à l'entrée un marchand
Tout chagrin s'écriait : Que maudit soit le vent !
Sans lui j'aurais fait ma fortune.
A quelques pas de là quelque autre en dit autant.
  Il voulut passer plus avant ;
  Mais parmi la foule importune
Il entendit encor bien plus de mécontents.
Tâchons pourtant, dit-il, de contenter ces gens.
  Aussitôt il fait volte-face ;
  Se tournant de l'est au couchant ;
  Mais voilà qu'au même moment
Il entend murmurer en bien plus d'une place.
  Eh bien ! tournons-nous donc au nord,
Peut-être après cela les verrons-nous d'accord.
  Il fut trompé dans son attente ;
  On murmura tout de nouveau.
Ce peuple serait-il malade du cerveau ?
Reprit notre souffleur ; quoi ! rien ne le contente.
Mais essayons du sud, peut-être pourrons-nous
  A la fin les contenter tous ;
Mais ce dernier essai fut aux autres semblable,

Oh! c'en est trop, dit-il, j'y renonce; et de plus,
Je veux être à leurs cris toujours inexorable
Puisque pour ces gens-là mes soins sont superflus.

    Suivez l'état du mariage,
    Devenez moine ou courtisan,
    Financier, soldat, artisan,
    Ayez la fortune en partage,
    Sur chaque état on parlera;
On fera plus encore, on vous calomniera.

Le Chat et la Souris.

    Un chat, la terreur des souris,
Qui pour les attraper était toujours alerte,
En avait dépeuplé presque tous les logis.
C'était assez pour lui qu'une chatière ouverte.
Une d'elles s'étant des pattes du matou,
Où mille de ses sœurs avaient perdu la vie,
    Jusqu'alors toujours garantie,
    N'osait plus sortir de son trou,
Mais aussi ne mangeait que le quart de son sou.
Un jour le scélérat, d'un ton de chattemite,
    Lui fit, mais de loin, ce discours:
    Ma chère, prendrez-vous toujours,
Dès lors que je parais, et l'alarme et la fuite?
Trouvez-vous donc en moi quelque chose d'affreux?
Mon corps est cependant presque au vôtre semblable,
Si vous en exceptez les charmes de vos yeux,
    Vos attraits, votre air agréable,
Votre vivacité jointe à votre enjoûment,
Quoique fort éloigné d'inspirer la tendresse,
D'un poil, tout comme vous, n'ai-je pas l'ornement?
    Mais à tout ce beau compliment,
Damoiselle souris faisait la sourde oreille.
Le galant qui vit bien que c'était temps perdu
De dire qu'elle était du monde la merveille,
Crut qu'un peu de fromage aurait plus de vertu,
Etant, comme elle était, plongée en la disette;
Il en vint donc poser aux yeux de la pauvrette,
    A quelque distance du trou,
    Après quoi le rusé filou
S'en alla se tapir près d'un sac de farine.
    La souris, ne le voyant plus,
    Au morceau de fromage aussitôt s'achemine;
    Mais lui, dans deux sauts tout au plus,
    Du trou lui coupe le refuge,
    Ensuite la happe et la gruge.

Telle se peut vanter d'avoir par la raison
Rejeté d'un galant les flatteuses paroles,
Qui, pour ne succomber à l'éclat des pistoles,
    A besoin de cette leçon.

Le Fruit et la Fleur.

Un beau fruit mûr (une orange, je pense)
D'une branche tardive examinait la fleur.
— Que je te plains, ma pauvre sœur!
    Que de dangers pour ton enfance!
Tu ne sais pas quel sera ton destin.
Je te vois de belle espérance :
Mais seras-tu fruit à la fin?
J'ai quelque temps à vivre; à peine suis-je éclose,
Lui dit la fleur : mon sort est plus doux que le tien.
Je deviendrai peut-être quelque chose,
    Bientôt tu ne seras plus rien.

L'Étincelle.

    Une étincelle pétillante,
Admirant son éclat et son agilité,
    Dans l'excès de sa vanité
    Se croyait une étoile errante,
Mais au moment que son feu l'éblouit,
    La pauvrette s'évanouit.

Ce récit a peu d'étendue;
S'il instruit, il est assez long.
Sur maintes gens il tombe à plomb.
Combien dans leurs projets se perdent dans la nue,
    Et s'éclipsent au même instant :
S'estimer trop est une erreur commune:
    La moindre lueur de fortune
Fait d'un fat un homme important.

DU CERCEAU (le P. J.-Ant.), jésuite, né à Paris le 12 novembre 1670, mort à Véret en Touraine le 4 juillet 1730, a laissé un recueil de poésies diverses dans lequel on trouve quelques fables.

Le Rat et le Raton.

    Un vieux rat, au lit de la mort,
A son fils, qui pleurait et se lamentait fort,
    Pour testament tint ce langage :
Je te laisse, mon fils, assez ample héritage;
    De noix, de fromage et raisin
    Tu trouveras plein magasin.
Jouis de mes travaux : si tu veux être sage,
Quand tu vivrais cent ans, encore davantage,
    Tu n'en verrais jamais la fin.
    Mais prends garde à la friandise!
    C'est un écueil : les lardons gras
Presque toujours sont de la mort-aux-rats.
    Fuis, n'en approche en nulle guise,
    Sinon, je te le prophétise,
    Pauvre Raton, tu périras.
    Le ciel te garde et t'en préserve!
    Disant ces mots il l'embrassa,
Et dans le même instant le bon homme passa.
Le fils, maître des biens qu'avait mis en réserve
Son cher papa défunt, d'abord s'en engraissa;
Mais tôt après, trouvant la chère trop bourgeoise,
De fromage et de noix enfin il se lassa.
Voilà donc mon galant qui s'écarte et qui croise
    Sur tous les lieux des environs.
Croque morceaux de lard, et les trouve fort bons.
Parbleu! se disait-il, mon bon homme de père,
Avec ses rogatons, faisait bien maigre chère!
    Vivent la guerre et les lardons!
    Advint qu'un jour dans une souricière
    Il découvrit, en battant le pays,
    Morceau de lard des plus exquis.
Bon, dit-il, tu viendras dans notre gibecière.
Le trou lui fut pourtant suspect, et lui fit peur.
    J'ai même lu dans un fort bon auteur
    Qu'il recula quatre pas en arrière.
Mais le lardon, comme un fatal aimant,
Le forçait, l'attirait à lui si doucement,
Qu'après bien des façons le pauvret s'en approche,
Et, le flairant de près, y porte enfin les dents :
    La bascule se décroche,
    Et, tombant, l'enferme dedans.
    Le voilà pris : que va-t-il faire?
    Il en mourut, à ce qu'on dit.
    Le papa l'avait bien prédit.

Avis, prédictions qui ne servent de guère :
Quel fils ne se croit pas plus sage que son père?

SAINT-GILLES (l'Enfant de), page du roi Louis XIV, présenta au duc du Maine plusieurs fables en rondeau parmi lesquelles se trouve celle-ci, dont le sujet fut quelques années plus tard traité de nouveau par La Fontaine.

La Cigale et la Fourmi.

    Le temps n'est plus de la belle saison :
    L'hiver approche, et neige à gros flocon
    Tombe du ciel. Cigale verdelette
    Ne chante plus; autre soin l'inquiète :
    C'est de dîner dont il est question.
    Mais où dîner? Car de provision
    Il n'en est point : point de précaution!
    D'aller aux champs sucer la tendre herbette
    Il n'est plus temps.
    Elle va droit à l'habitation
    De la fourmi; belle réception,
    Mais rien de plus : il faut faire diète.

Quand on est vieux, c'est trop tard qu'on regrette
    Les jours perdus, et de faire moisson
    Il n'est plus temps.

MOTTE (Antoine Houdar de la), membre de l'Académie française, né à Paris en 1672, était le fils d'un chapelier, originaire de Troyes. Après avoir fait ses classes chez les jésuites il étudia le droit, mais il l'abandonna pour se livrer aux compositions dramatiques. Son premier essai, intitulé les Originaux, ne réussit point. Le jeune La Motte, rebuté par cet échec, renonça d'abord à la littérature profane, et voulait même se retirer au monastère de la Trappe. De sages conseils l'ayant ramené dans le monde, son penchant pour le théâtre l'entraîna de nouveau à rechercher les suffrages du public, et il donna successivement à l'Opéra et au Théâtre-Français un grand nombre de pièces, qui, pour la plupart, obtinrent un grand succès. Il suffit de citer *Issé*, le *Triomphe des Arts*, *Sémélé*, la comédie du *Magnifique* et la tragédie d'*Inès de Castro*. La Motte ne fut pas aussi heureux dans ses odes, où l'on remarque de belles strophes, mais qui sont dépourvues de chaleur et de poésie. Une entreprise singulière, et qui attira sur son auteur les sarcasmes de ses contemporains, fut l'abrégé de l'*Iliade*, qu'il traduisit, sans savoir un seul mot de la langue d'Homère. Les églogues et les fables de La Motte, publiées vers le même temps, obtinrent un brillant succès, surtout aux séances de l'Académie, où l'art de son débit déguisait la faiblesse des vers. Accablé de bonne heure par les infirmités, aveugle dès l'âge de quarante ans, il mourut le 26 décembre 1731. Ses œuvres ont été recueillies en 10 vol. in-12. On a aussi publié ses *Œuvres choisies* en 2 vol. in-18.

Le Chat et la Chauve-souris.

Gardons-nous de rien feindre en vain ;
La vérité doit naître de la fable.
Qu'est-ce qu'un conte sans dessein ?
Parole oiseuse et punissable.
Mais tout vrai ne plaît pas : un vrai fade et commun
Est chose inutile à rebattre.
Que sert par un conte important
De me prouver que deux et deux font quatre ?
Nous devons tous mourir : je le savais sans vous ;
Vous n'apprendrez rien à personne.
Je veux un vrai plus fin, reconnaissable à tous,
Et qui cependant nous étonne ;
De ce vrai dont tous les esprits
Ont en eux-mêmes la semence,
Qu'on ne cultive point, et que l'on est surpris
De trouver vrai quand on y pense.
Laissez donc là vos fictions,
Me va répondre un censeur difficile ;
Pensez-vous nous donner quelques instructions ?
Non pas à vous ; vous êtes trop habile ;
Mais il est des lecteurs d'un étage plus bas :
Et telle fiction qui ne vous instruit pas
A leur regard pourrait être instructive.
Il faut que tout le monde vive.

Un chat, le plus gourmand qui fut,
N'ayant d'autre ami que son ventre,
Fondit sur un serin, et sans respect du chantre
L'étrangla net, et s'en reput.
Le serin et le chat vivaient sous même maître.
A peine aperçoit-on le meurtre de l'oiseau,
Que l'on jure la mort du traître.
Chacun veut être son bourreau ;
L'assassin l'entendit et trembla pour sa peau.
Les vœux sont enfants de la crainte ;
Il en fit un. S'il sort de ce danger,
De la faim la plus rude éprouvât-il l'atteinte,
Il renonce aux oiseaux, n'en veut jamais manger ;
En atteste les dieux en leur demandant grâce ;
Et comme si c'était l'effet de son serment,
Le maître oublia sa menace,
Et se calma dans le moment.
Le rominagrobis, échappé de l'orage,
Trouva deux jours après une chauve-souris.
Qu'en fera-t-il ? Son vœu l'avertit d'être sage ;
Son appétit glouton n'est pas du même avis.
Grand combat, embarras étrange.
Le chat décide enfin. Tu passeras, ma foi,
Dit-il ; en tant qu'oiseau je ne veux rien de toi,
Mais comme souris je te mange.
Le ciel peut-il s'en fâcher ? Non,
Se répondait le bon apôtre.
Son casuiste c'est le nôtre ;
L'intérêt qui d'un mot se fait une raison.

Ce qu'on se défend sous un nom
On se le permet sous un autre.

Le Perroquet.

Un homme avait perdu sa femme ;
Il veut avoir un perroquet.
Se console qui peut. Plein de la bonne dame,
Il veut du moins chez lui remplacer le caquet ;
Il court chez l'oiselier. Le marchand de ramages,
Bien assorti de chants et de plumages,
Lui fait voir rossignols, serins et sansonnets,
Surtout nombre de perroquets.

Le moindre d'entre eux est habile,
Crie : *à la cave*, et dit son mot ;
L'un fait tous les cris de la ville,
L'autre veut déjeuner, *qu'on fouette Margot*.
Tandis que notre homme marchande,
Hésite sur le choix et tout bas se demande
Lequel vaudra le mieux, il en aperçoit un
Qui rêvait seul, tapi sous une table :
Et toi, dit-il. monsieur l'insociable,
Tu ne dis mot ; crains-tu d'être importun ?
— Je n'en pense pas moins, répond en sage bête
Le perroquet. — Peste, la bonne tête !
Dit l'acheteur. Ça, qu'en voulez-vous ? — Tant.
— Le voilà. Je suis trop content.
Il croit que son oiseau va lui dire merveille ;
Mais tout un mois, malgré ses leçons et ses soins,
L'oiseau ne lui frappe l'oreille
Que de ces ennuyeux : *Je n'en pense pas moins*.
— Que maudite soit la pécore !
Dit le maître ; tu n'es qu'un sot ;
Et moi cent fois plus sot encore
De t'avoir jugé sur un mot.

Les Grillons.

Deux grillons, bourgeois d'une ville,
Avaient élu pour domicile
D'un magistrat le spacieux palais.
Hôtes du même lieu, sans pourtant se connaître,
L'un logeait en seigneur au cabinet du maître ;
L'autre dans l'antichambre habitait en laquais.
Un jour Jasmin grillon sort de sa cheminée,
Trotte de chambre en chambre, et faisant sa tournée
Arrive au cabinet, entend l'autre grillon.
Bonjour, frère, dit-il. Bonjour, répondit l'autre.
— Votre serviteur. — Moi le vôtre.
— Mettez-vous là, dit l'un. L'autre : — Point de façon ;
Traitez-moi comme ami ; je suis de la maison !
Je vis dans l'antichambre, où de mainte partie
Monseigneur reçoit les placets.
Qu'il est sage, et qu'il m'édifie !
Désintéressement, équité, modestie ;
Il a tout : c'est plaisir que d'avoir des procès.
Bon droit avec tel juge est bien sûr du succès.
— Tu te trompes, l'ami ; ce n'est pas là mon maître,
Dit messire Grillon ; je le connais bien mieux :
Toi, tu le prends là-bas pour ce qu'il veut paraître ;
Ici je le vois tel que le sort l'a fait naître ;
Pour les riches, des mains ; pour les belles, des yeux ;
Pour les puissants, égards et tours officieux ;
Voilà tout le code du traître.
N'en sois donc plus la dupe, et laisse le commun
S'abuser à la mascarade.

Ne confondons rien, camarade.
Distinguons deux hommes en un :
L'homme secret, et l'homme de parade.

Le Fromage.

Deux chats avaient pris un fromage,
Et tous deux à l'aubaine avaient un droit égal.
Dispute entre eux pour le partage.
Qui le fera ? Nul n'est assez loyal.
Beaucoup de gourmandise et peu de conscience ;
Témoin leur propre fait, le fromage volé.
Ils veulent donc qu'à l'audience
Dame Justice entre eux vide le démêlé.
Un singe, maître clerc du bailli du village,
Et que pour lui-même on prenait
Quand il mettait parfois sa robe et son bonnet,
Parut à nos deux chats tout un aréopage.
Par-devant dom Bertrand le fromage est porté :
Bertrand s'assied, prend la balance,
Tousse, crache, impose silence,
Fait deux parts avec gravité,
En charge les bassins ; puis cherchant l'équilibre :
Pesons, dit-il, d'un esprit libre,
D'une main circonspecte ; et vive l'équité !
Ça, celle-ci déjà me paraît trop pesante.
Il en mange un morceau ; l'autre pèse à son tour :
Nouveau morceau mangé par raison du plus lourd.
Un des bassins n'a plus qu'une légère pente.
— Bon, nous voilà contents ; donnez, disent les chats.
— Si vous êtes contents, Justice ne l'est pas,

Leur dit Bertrand : race ignorante !
Croyez-vous donc qu'on se contente
De passer, comme vous, les choses au gros sas ?
Et ce disant, monseigneur se tourmente
    A manger toujours l'excédant ;
Par équité toujours donne son coup de dent :
De scrupule en scrupule avançait le fromage.
    Nos plaideurs enfin, las des frais,
    Veulent le reste sans partage.
—Tout beau ! leur dit Bertrand ; soyez hors de procès ;
Mais le reste, messieurs, m'appartient comme épice :
A nous autres aussi nous nous devons justice.
    Allez en paix, et rendez grâce aux dieux.

    Le bailli n'eût pas jugé mieux.

LA VIEILLE ET LE POT CASSÉ (Vaudin).
La vieille flaire, aspire, et dit roulant les yeux :
Le reste est toujours bon d'une chose excellente.

La Pie voleuse.

    Un traitant avait un commis ;
Le commis un valet, le valet une pie :
Quoique de la rapine ils fussent tous amis,
Des quatre l'animal était la moins harpie.
Le financier en chef volait le souverain ;
Le commis en second volait l'homme d'affaire ;
Le valet grappillait : il eût voulu mieux faire ;
Et des gains du valet Margot faisait sa main.
    C'est ainsi que toute la vie
    N'est qu'un cercle de volerie.
    Le valet donc à son petit magot
    Trouvait toujours quelque mécompte.
Qu'est-ce? dit-il ; quel est le coquin qui m'affronte ?
Dans mon taudis il n'entre que Margot.
    A tout hasard il vous l'épie,
    Et la prend bientôt sur le fait.
    Il voit notre galante pie,
    Du coin de l'œil faisant le guet,
    Prendre à son bec la pièce de monnoie,
Et puis dans le grenier courant cacher sa proie :
C'était là que Margot avait son coffre-fort,
Amassant sans jouir : bien d'autres ont ce tort.
Oh çà ! dit le valet en surprenant la belle,
    Je te tiens donc, et mon argent aussi.
    Voyez la gentille femelle !
J'en suis d'avis ; on volera pour elle ;
Elle en aurait le gain, j'en aurais le souci.

Il prononce à ces mots la sentence mortelle.
Margot à sa façon se jette à ses genoux :
    — Grâce, lui cria-t-elle, un peu plus d'indulgence ;
Au fond je n'ai rien fait que vous ne fassiez tous.
        Ou par justice, ou par clémence,
    Donnez-moi le pardon qu'il vous faudrait pour vous.
        Ce caquet était raisonnable ;
        Mais le valet inexorable
Lui coupe la parole, et lui tord le gosier.
Le plus faible toujours est puni le premier.

VAUDIN, auteur qui n'est connu que par ses fables nouvelles en quatre vers, qui parurent à Paris en 1707. Quelques années plus tard, en 1753, Delacour-Damonville fit réimprimer sous son nom les fables de Vaudin, en se contentant de les intituler *Fables moralisées* en quatrains.

La Vieille et le Pot cassé.

Un pot cassé, jadis plein d'un vin précieux,
Se trouva sous la main d'une vieille bacchante ;
La vieille flaire, aspire, et dit roulant les yeux :
Le reste est toujours bon d'une chose excellente.

L'Homme et l'Idole.

Au pied d'un vain idole, un homme avec constance
Priait, sacrifiait, et n'en obtenait rien :
Il la brise, et de l'or il tombe en abondance.
    — Ah ! malheureux, dit-il, que tu fais mal le bien ! »

L'Aveugle conduit à la cour.

Un aveugle à la cour est conduit pour affaire :
Je crois, lui disait-on, que grand est votre ennui ;
    — Il est vrai ; mais enfin, au fond de ma misère,
Je vois, comme les rois, avec les yeux d'autrui.

La Fourmi et la Mouche.

—Misérable fourmi, disait la mouche fière,
Pauvre et vil animal que le travail tuera,
Pour moi le doux loisir, la cour, la bonne chère.
— « Adieu, dit la fourmi ; mouche, l'hiver viendra.

Le Bouc et le Loup.

Un bouc du haut d'un toit voyant passer un loup,
        Lui parle avec outrage.
Le loup lui dit : Ami, ne crains rien pour ce coup :
Je t'excuse, et je sais qu'ailleurs tu serais sage. »

LEBRUN (Antoine-Louis), poëte, né à Paris en 1680, mourut dans la même ville en 1743. Il a publié plusieurs ouvrages parmi lesquels il suffira de mentionner : les *Aventures d'Apollonius de Tyr*, trad. du grec, Paris, 1710 et 1711, in-12 ; *ibid.*, 1716, in-18 ; *Epigrammes d'Owen*, trad. en vers franç., 1709, in-12 ; *Théâtre lyrique*, contenant sept opéras qui n'ont jamais été mis en musique ; *ib.*, 1712, in-12 ; *Fables*, *ib.*, 1722, in-12.

Le Ruisseau.

    Un superbe et petit ruisseau
Formait de grands projets. — Je deviendrai rivière,
J'aurai des ponts, je porterai bateau ;
Je grossirai la mer du tribut de mon eau ;
Ainsi je finirai noblement ma carrière.
        Pendant l'excessive chaleur
        D'une brûlante canicule,
    Il devint sec. Son orgueil ridicule
    Echoua contre ce malheur.
Des grandeurs et des biens ne soyons point avides ;
Nous serions par le sort confondus et trahis ;
Jamais l'ambition ne voit ses vœux remplis :
    C'est le tonneau des Danaïdes.

L'Aigle et le Corbeau.

    Dans une forêt de l'Afrique,
    L'aigle et le corbeau bien unis
    Avaient fait sur un chêne antique
    Industrieusement leurs nids.
L'aigle aperçut que ses petits
Dégénéraient de leur vertueux père ;
Qu'ils étaient sans vigueur, timides, paresseux.

Les jeunes corbeaux, au contraire,
 Intrépides et généreux,
Promettaient un destin au-dessus du vulgaire;
Et, montrant un courage à nul autre pareil,
Regardaient fixement les rayons du soleil.
 Un noble, par mainte bassesse,
 Souvent déroge, perd ses droits,
 Et la roture quelquefois
 En vertu passe la noblesse.

DIOGÈNE ET LE RAT (Dreux du Radier).
Table ouverte, dit-il, parasites, chez moi !
 Auprès de vous, notre cher hôte,
 Ne suis-je pas un petit roi ?

La Perdrix et le Chat.

Damoiselle perdrix, jeune Périgordine,
 Rouge, grasse, et de bon fumet,
 Eut un procès contre une bécassine,
 Je ne sais pas pour quel sujet.
On devait le juger bientôt : notre plaideuse,
Qui sentait sa cause douteuse,
Avec tous les atours d'un minois séducteur
 Sollicita son rapporteur :
C'était un matou. Quelle chance,
Ou plutôt quel écueil pour un juge paillard !
 Notre chat la lorgne, et lui lance
Plus d'une tendre œillade et plus d'un doux regard.
Les charmes tentateurs font pencher la balance.
Le tartufe soupire, et son cœur est en feu :
Il s'émancipe, on se met en défense,
 Mais seulement par bienséance.
Après quelque refus on lui donna beau jeu.
Du discours il en vint aux plus libres caresses ;
 C'est peu d'en faire, il en reçut :
 Il obtint tout ce qu'il voulut.
 On s'assura sur ses promesses.
 Le lendemain avec succès
 La perdrix gagna son procès.

 A sollicitudes pareilles
Fermez les yeux, n'ouvrez que les oreilles,
Ministres de Thémis ; sinon, pour votre cœur
 Je crains Satan et sa malice :
En ces occasions aisément le pied glisse.
 Le juge corrompt la pudeur,
 La belle corrompt la justice.

GRÉCOURT (J.-Bapt.-Jos. Villart de), né en 1684 à Tours, où il est mort le 2 avril 1743.

La Chenille et la Femme.

Chenille, vilain animal
Qui dans les bois nous importune,
Qu'à nos arbres tu fais du mal !
Ah ! dieux ! je crois en sentir une !
La chenille ayant entendu
Ce que la femme disait d'elle,
Sans se fâcher a répondu :
— Ma laideur n'est pas éternelle.
Bientôt, changée en papillon,
J'aurai des couleurs admirables :
Du bleu, du blanc, du vermillon,
Et je serai des plus aimables.
Plus d'une femme, à ce qu'on dit,
Est de moi l'image parfaite ;
Chenille au sortir de son lit,
Papillon après sa toilette.

DREUX DU RADIER (J.-Fr.), avocat, ancien lieutenant particulier du bailliage de Châteauneuf en Thymerais, est principalement connu comme littérateur par sa *Bibliothèque historique du Poitou* et ses *Mémoires des reines et régentes de France*. Il publia à Paris, en 1744, ses *Fables nouvelles* et autres pièces en vers. Dreux du Radier, né à Châteauneuf en Thymerais, le 10 mai 1714, est mort le 1er mars 1780.

LE TABLEAU ET LE CADRE (Pesselier).
Le cadre sied à bien des gens.

Diogène et le Rat.

Au milieu d'un repas dont la blonde Cérès
 Avait fait tous les frais,
Diogène, dit-on, las de philosophie,
 Examinait un jour sa vie.
Quel plaisir avait-il ?... Vivre sous un tonneau,
Ne manger que du pain, ne boire que de l'eau...
Tout sort auprès du sien était digne d'envie.
 Plongé dans un morne chagrin,
Il tenait ce discours ou quelque autre semblable :
Il aperçut un rat, qu'enhardissait la faim,
 Comme après un mets délectable
 Courir après un peu de pain,
 Modestes reliefs de sa table.
Eh ! grands dieux ! qu'est-ce que je vois ?

Si je m'afflige. c'est ma faute ;
Table ouverte, dit-il, parasites chez moi !
Auprès de vous, notre cher hôte,
Ne suis-je pas un petit roi ?

Le Paysan chargé d'un Chevreuil et le Cavalier.

Un paysan revenait de la chasse
Et portait un chevreuil que sa légèreté
Des atteintes du plomb n'avait pas exempté.
Auprès de lui certain cavalier passe :
Il s'arrête. — Voyons, bonhomme, qu'as-tu là ?
— C'est un chevreuil que cela.
— Un chevreuil ! Oui, vraiment, voilà bien mon affaire.
Je te paye au retour, lui dit notre croquant.
Et de donner des deux. — Eh ! ne courez pas tant,
Cria le manant sans colère;
C'est un présent que je voulais vous faire.

C'était ménager son honneur,
En s'épargnant une inutile peine.
Quand la résistance est vaine,
Il faut céder de bon cœur.

ARDÈNE (ESPRIT-JEAN DE ROME D'), poëte, né à Marseille, refusa de prendre un emploi pour se livrer entièrement à la littérature. On a de lui des églogues, des idylles, des odes, des discours académiques, un recueil de fables en vers, 1747, in-12 ; des œuvres posthumes, publiées par son frère à Marseille, 1767, 4 vol.

La Pierre à aiguiser et le Couteau.

La pierre, aiguisant le couteau,
S'apercevait avec malice
Que chaque tour de roue en rongeait un morceau.
— A la longue il faudra que ta lame périsse,
Dit-elle. — Avant que j'aie un tel malheur,
Pierre cruelle, mauvais cœur,
A force de ronger tu périras toi-même. »

Malgré l'attention extrême
Qu'ont certains hommes dangereux
Pour que le mal qu'ils font ne puisse pas leur nuire,
Ils travaillent à se détruire.
Le plus grand dommage est pour eux.

La République des animaux, ou la Taxe bien imaginée.

Dans un certain coin de l'Afrique
Messieurs les animaux ayant bien consulté,
Formèrent une république
Où régna l'ordre et la tranquillité.
Tout s'y réglait avec poids et mesure.
Par je ne sais quelle aventure
L'Etat républicain eut besoin de secours,
D'argent s'entend. Comme il visait toujours
Au bien public, on délibère
Sur la façon d'avoir ce subside important;
Sans trop engraisser le traitant.
— Messieurs, dit lors un bœuf consulté sur l'affaire,
Taxez les vices, les défauts
De nosseigneurs les animaux,
Et pour le mieux, qu'ils se jugent l'un l'autre.
Deux biens en naîtront sûrement,
Le profit de l'Etat, puis leur amendement.
— L'avis est bon. Voici le nôtre,
Dit un vieux renard : Ecoutez;
Et pesez ce que je propose.
Taxez plutôt les belles qualités,
Et que chacun soit juge dans sa cause.

PESSELIER (CHARLES-ÉTIENNE), né à Paris en 1712, le 9 juillet, mort en 1763, le 24 avril, sut allier le goût des lettres avec l'esprit des affaires, et eut dans les fermes une place assez lucrative qui lui permit de se livrer à ses paisibles inclinations. Nous citerons de lui l'Ecole du temps, comédie en un acte et en vers, donnée au théâtre Italien en 1738; Esope au Parnasse, joué sur la même scène en 1739, et un recueil de Fables nouvelles, Paris, 1748, 1 vol. in-8.

Le Fer et l'Aimant.

Malgré le vieux lien qui l'attache à l'aimant,
Le fer un jour lui fit querelle :
Ainsi, j'ai vu souvent gronder même en s'aimant,
Et c'est presque toujours pour une bagatelle.
L'aimant me croit-il donc obligé, dit le fer,
De le suivre partout, et lorsque bon lui semble?
C'est le prendre sur un grand air !
Je m'imagine que de pair,
Nous pouvons bien marcher ensemble;
Il ne se dégraderait pas,
Quand il ferait le premier pas.
Inutiles discours; l'aimant, à l'heure même,
Attire à soi le fer, qui faisait le méchant.
Résiste-t-on à ce qu'on aime?
Et peut-on vaincre son penchant?

L'Homme et la Marmotte.

La marmotte venait de finir son long somme;
Sommeil de six mois seulement.
— N'as-tu pas honte, lui dit l'homme,
De dormir si profondément?
— Tu n'en parles que par envie,
Répondit la marmotte, et tu me fais pitié.
J'aime encor mieux dormir la moitié de ma vie,
Que d'en perdre en plaisirs, comme toi, la moitié.

Le vieux Poirier et le jeune Abricotier.

Au beau milieu de février,
Un jeune abricotier qui paraît déjà Flore,
Insultait follement à certain vieux poirier
Que nulles fleurs n'ornaient encore.
— Elles viendront quand il faudra;
Les tiennes, mon enfant, s'empressent trop d'éclore,
Et tant de gloire te perdra...
— Bon ! bon ! On en dira tout ce que l'on voudra,
Je n'en chéris pas moins l'éclat qui me décore.

Cet éclat-là ne dura pas.
L'hiver, qui paraissait faire grâce à la terre,
Pour lui renouveler une cruelle guerre,
Tout à coup revint sur ses pas :
Adieu les fleurs, adieu l'empire
De notre abricotier, joyeux à contre-temps;
Et ce que j'y trouve de pire,
Adieu les fruits, en même temps.

D'une trop brillante jeunesse,
L'éclat prématuré doit blesser la raison :
Tant de fleurs, qui d'abord paraissent à foison,
Tiennent rarement leur promesse :
Tout doit venir dans sa saison.

Le Tableau et le Cadre.

Un brocanteur orna d'une riche bordure
Le chef-d'œuvre d'un barbouilleur :
Ainsi j'ai vu souvent sous riche couverture
Giter les vers d'un rimailleur.
Ce tableau, fier de sa parure,
De son éclat, de sa dorure,
Se crut de quelque prix aux yeux des connaisseurs ;
Son brillant appareil surprit quelques suffrages;
Car tel est, ô mortels ! le sort de vos ouvrages;
Les plus beaux trouvent des censeurs,
Et les sots ont leurs défenseurs.
Mais tôt ou tard enfin disparaît le prestige :
Le tableau, dépouillé du superbe ornement
Qui faisait tout le fondement
De sa gloire et de son vertige,
Parut tel qu'il était tout naturellement,
Et l'on n'en voulut voir ni trace ni vestige
Dans le plus mince appartement.
Que d'hommes l'on célèbre, on encense, on couronne,
Qui nous éprouveraient, juges moins indulgents,
S'ils perdaient tout à coup ce qui les environne!

Le cadre sied à bien des gens!

LE NOUVEL ÉSOPE. C'est sous ce nom que se cache un anonyme, dont les Fables choisies ont paru en 1749.

Le Papillon et les Tourterelles.

Un papillon, sur son retour,
Racontait à deux tourterelles
Combien dans l'âge de l'amour
Il avait enchanté de belles.
— Aussitôt aimé qu'amoureux,
Disait-il, oh ! l'aimable chose !
Lorsque brûlant de nouveaux feux

Je voltigeais de rose en rose.
Maintenant on me fuit partout,
Et partout aussi je m'ennuie.
Ne verrai-je jamais le bout
D'une si languissante vie?
Les tourterelles sans regret
Répondirent : — Dans la vieillesse
Nous avons trouvé le secret
De conserver notre tendresse.
A vivre ensemble nuit et jour
Nous goûtons un plaisir extrême.

L'amitié qui naît de l'amour
Vaut encor mieux que l'amour même.

DELAUNAY, né à Paris en 1695, mort en 1751, était secrétaire des commandements du grand prieur de France. On a de lui un recueil de fables imprimé à la suite de la *Vérité fabuliste*, comédie. Paris, 1732.

L'Acteur et l'Écolier.

Un écolier avait, dans un spectacle,
Goûté par-dessus tout un acteur renommé,
Qui se croyait lui-même un prodige, un miracle,
S'estimant beaucoup plus qu'il n'était estimé.
Notre jeune homme en était si charmé,
Qu'il donnait à l'acteur le mérite et la gloire
Des vers, des sentiments, récités par mémoire;
En un mot, il croyait l'histrion un héros;
C'était assurément bien croire;
Voilà comme toujours nous donnons dans le faux.
Notre écolier opiniâtre
Dans son erreur, dans ses désirs,
Epargne quelque temps sur ses menus plaisirs,
De quoi traiter un jour l'acteur qu'il idolâtre.
Il l'invite à dîner; le monarque s'y rend,
Mais qu'il fut trouvé différent!
Soit qu'il raisonne, ou qu'il folâtre,
Ce roi n'avait plus rien ni de fin, ni de grand,
Il n'était plus sur son théâtre.
L'écolier en rougit... Combien est-il d'objets
Qu'il ne faut jamais voir de près!
On rirait bien souvent de plus d'un personnage
Si l'on voyait ses propres traits;
Le masque heureusement est pris pour le visage.

RICHER (Henri), littérateur, né en 1685 à Longueil, dans le pays de Caux, fut d'abord destiné au barreau et se fit recevoir avocat au parlement de Rouen. Mais un goût irrésistible pour les lettres l'ayant détourné de cette carrière, il vint s'établir à Paris, y obtint quelques succès par ses talents, et y mourut en 1748. On a de lui la traduction en vers des *Églogues* de Virgile, Paris, 1717, in-12 (cette version est fidèle, mais elle est faible et sans coloris; elle a été réimprimée en 1736, précédée d'une *Vie de Virgile*); les huit premières *Héroïdes* d'Ovide, mises en vers français, *ibid.*, 1723, in-12; un recueil de *Fables*, dont la dernière édition est de 1748, in-12. « L'invention de ces fables, dit Sabatier, n'est pas heureuse; la narration en est froide, mais le style simple, clair et facile. » Selon quelques critiques, Richer a plus approché de La Fontaine que tous ses prédécesseurs. On a encore de lui la *Vie de Mecenas* avec des notes historiques et critiques, Paris, 1746 ou 1747, in-12; deux tragédies dont l'une, *Sabinus et Eponine*, fut jouée sept fois, et l'autre, *Coriolan*, ne fut pas représentée. Il a laissé en manuscrit la traduction complète des *Héroïdes* et la *Vie de Scipion l'Africain*.

Les deux Enfants.

Un jour Perrinet et Colin,
Deux enfants de même âge, entrés dans un jardin,
S'égayaient à la promenade,
Et sous des marronniers faisaient mainte gambade :
Ils trouvèrent sur le gazon
Un fruit plein de piquants, fait comme un hérisson.
Colin le ramassa; son petit camarade
Le crut un sot : — Tu tiens, dit-il, un mets
Des plus friands pour les baudets;
C'est un chardon, et ton goût est étrange.
Pour moi, je vois des pommes d'or;
Voilà mon fait, et la main me démange.
Perrinet à l'instant se saisit d'une orange,
Et croit posséder un trésor :
La couleur du métal que l'univers adore
Séduit jusqu'aux enfants. Celui-ci, bien joyeux,
Admire un si beau fruit, et s'imagine encore
Qu'il est d'un goût délicieux.

Il y fut attrapé, notre petit compère,
Car cette orange était amère.
Aussitôt qu'il en eut goûté,
Il la jeta bien loin. Colin, de son côté,
S'était piqué les doigts; mais sa persévérance,
Surmontant la difficulté,
Trouve un marron pour récompense.

Ce marron hérissé figure la science,
Qui sous des dehors épineux
Cache d'excellents fruits; tandis que l'ignorance
Sous une riante apparence
Produit des fruits amers et souvent dangereux.

Les deux Oisons.

Deux oisons qui faisaient voyage,
S'entretenaient au bord de l'eau.
— As-tu vu, disait l'un, cet admirable oiseau
Perché sur la maison du seigneur du village?
As-tu remarqué son plumage?
De l'aurore au couchant il n'est rien de si beau.
C'est un merveilleux assemblage
Des plus vives couleurs.
Nature en le formant l'a comblé de faveurs.
Oui, des oiseaux c'est le prodige;
Car sur sa tête il en porte la marque.
— Je n'ai point vu, répliqua l'autre oison,
Ce beau phénix dont tu fais la peinture,
Mais une espèce de dindon,
Qui ne doit pas, je te le jure,
Être content de sa figure.
Sa tête est fort menue, et vraisemblablement
Il a très-peu de jugement.
Dieux! quelle étrange mélodie!
Il remplit l'air de cris affreux :
J'en ai l'oreille encor tout étourdie :
Ajoutez à cela qu'il a des pieds hideux.
C'était un paon qu'ils dépeignaient tous deux.
De l'oiseau de Junon l'un avait vu les grâces,
Et l'autre les défauts. Ainsi dans l'univers
Les jugements des hommes sont divers.

Nous voyons les objets par différentes faces.

La Pie et le Pinson.

Margot la pie était dans une cage,
A côté d'un jeune pinson.
Celui-ci tous les jours répétait sa chanson :
On se plaisait à son ramage.
Margot de son maudit jargon
Étourdissait les gens de la maison.
Dès le matin la péronnelle
Commençait son sabbat, criait : A déjeuner!
Et ne cessait d'importuner.
Pour avoir la paix avec elle,
Il fallait la soûler. Notre musicien
Chantait et ne demandait rien.
Chacun disait : Vraiment il chante bien :
Des louanges sans fin. Mais ce chantre agréable,
Dans son petit garde-manger,
N'avait souvent rien à gruger :
On oubliait l'oisillon misérable
Pas un seul grain de mil : si bien qu'un beau matin
Son maître négligent le trouva mort de faim.

Sans cesse l'importun demande, sollicite :
On le trouve partout, et l'on n'entend que lui :
C'est ainsi qu'on obtient les faveurs aujourd'hui :
Et l'on va rarement au-devant du mérite.

Le Sanglier et le Daim.

Contre un vieux pin, par les ans endurci,
Un sanglier aiguisait ses défenses.
— Je ne vois pas à quoi tu penses,
Dit un daim, d'escrimer ainsi;
Aucun péril ne te menace,
Mon frère, il faut que tu sois fou.
Si tu voyais paraître un ours ou bien un loup,
Ce que tu fais serait plus en sa place.
— Tais-toi, tu n'es qu'un sot; je fais ce que je dois,
Répond le sanglier, je préviens les alarmes.
Serait-il temps de préparer mes armes,
Si le loup paraissait, prêt à fondre sur moi?

Le sage en use de la sorte ;
Et prépare d'avance à tout événement,
Il n'attend pas imprudemment
Que l'ennemi soit à sa porte.

FRASNAY (Pierre de) est l'auteur d'un ouvrage intitulé : *Recueil de Fables*, Orléans, 1750, 2 vol. in-12.

L'Oiseau pris au Lacet.

Un oiseau surpris au lacet
Protestait de son innocence :
Quel crime, dit-il, ai-je fait?
Je n'ai de mon voisin dérobé la finance?
L'or et l'argent sont pour moi sans attrait ;
Pressé par la triste indigence,
Et ne pouvant résister à la faim,
J'ai voulu prendre un maudit grain,
Point ne l'ai pris, je n'en eus la puissance ;
Et cependant quel est mon sort?
Sans m'accuser d'aucune offense,
On me fait prisonnier, on me donne la mort.

Le supplice toujours n'est le fatal partage
De ceux qui sont notés par des crimes affreux,
Il est bien plus souvent le sanglant héritage
Des pauvres et des malheureux.

Le Renard et le Léopard.

Un léopard fier de ses mouchetures,
Des animaux se croyait le plus beau ;
Un renard lui disait : Charmantes bigarrures
Se voient en mon esprit bien plus que dans ta peau.

Pour les juger on prit un homme sage,
Point ne fit cas de la beauté du corps,
Au bon renard il donna l'avantage,
Et prisa le dedans et fort peu le dehors.

Le Renard et l'Ours.

Jamais, disait un ours, je n'eus l'âme inhumaine,
Toujours je respectai les morts ;
Et lorsque je trouve leurs corps,
De les toucher je me fais une peine.
Un renard rempli de bon sens
Lui dit : Mange les morts, laisse en paix les vivants.

Il semble que je vois une main financière
Qui jette aux mendiants quelque aumône légère :
Aux malheureux, lui dis-je, ami, ne donne rien,
Laisse vivre les gens de bien.

Les trois Bœufs.

Dans un même pâtis unis par la concorde,
Trois bœufs du loup ne craignaient rien.
Bientôt entre eux se logea la discorde ;
On se brouilla. Le loup s'en trouva bien.

Frères, soyez amis, c'est là le plus grand bien.

FONTENAILLES (le chevalier Pierre de), né en Touraine, capitaine dans le régiment du Poitou, auteur de *Poésies diverses*, Poitiers, 1751.

Le Chêne et les jeunes Ormeaux.

Dans un agréable terrain,
Quatre jeunes ormeaux, aux bords d'une onde claire,
Jouissaient sous un ciel serein
Des faveurs qu'il daignait leur faire.
Mais est-il de bonheur qui longtemps persévère?
Le jour qui le voit naître en voit souvent la fin !
Du tronc qui leur donna la vie
Un matin les vit séparés ;
A peine végétants, soudain ils sont livrés
A la fatale intempérie
De l'hiver le plus rigoureux.
Enfin ils ont perdu leur naissante verdure,
Et les zéphyrs délicieux
Qui fertilisent la nature,
Ne voltigent plus autour d'eux ;
On n'entend plus sous leur feuillage
Les tendres rossignols célébrer leur amour ;
Les oiseaux seulement de sinistre présage
Y viennent faire leur séjour.
Pour de jeunes ormeaux, dieux! quelle destinée!
Le ciel prétend-il donc les changer en cyprès?
Sa colère contre eux est-elle déchaînée
Au point de les réduire à d'éternels regrets?
Mais non, sensible à leurs hommages,
Un chêne étend sur eux ses rameaux bienfaisants ;
Il rend des aquilons les efforts impuissants,
Et les met sous son ombre à l'abri des orages.
Ils n'ont plus rien à craindre ; affranchis désormais
De toute maligne influence,
Ils invitent déjà sous des ombrages frais
Les hôtes ailés des forêts
A chanter leur reconnaissance.

Ayons foi dans la Providence,
Et ne désespérons jamais
Des biens que tous les jours dispense,
A l'heure que moins on y pense,
La sagesse de ses décrets.

PÉRAS (Jacques). Sa vie est demeurée inconnue ; mais ses fables ont eu plusieurs éditions, Paris, 1754, 1761, 1768.

La jeune Abeille.

Une abeille vive et légère,
Dont on devait espérer du profit,
Prit l'essor, et, peu ménagère,
Laissa passer l'été sans faire aucun produit.
Cependant tous les jours au lever de l'aurore
Elle était à l'ouvrage et mettait tout en train :
Vous eussiez dit que des présents de Flore
Elle eût tiré l'essence et fait un grand butin ;
Mais non : de chaque fleur qu'elle voyait éclore
Elle admirait les attraits éclatants,
Et n'en prenait que la superficie :
Elle faisait comme font bien des gens,
Qui, voulant jouir de la vie,
Ne pensent point à l'avenir.
Mais quand la chaleur fut passée
Et que l'hiver se fit sentir,
Notre abeille à demi glacée,
N'ayant pas de quoi subsister,
Regrettait, mais en vain, cette saison aimable
Dont elle aurait dû profiter.

Trop tard on devient raisonnable.
Jeune on ne pense qu'au présent,
Sur le futur on est tranquille,
Et l'agréable bien souvent
Empêche de penser à l'utile.

Le Frelon et la Mouche à miel.

Certain frelon fainéant, parasite,
Que de semblables sous le ciel !
Tous les jours d'une abeille, en faisant l'hypocrite,
Ecorniflait un peu de miel
Dont il faisait sa nourriture.
Un beau matin que d'aventure,
La mouche était allée aux champs,
Et n'en revenait point comme à son ordinaire,
Le frelon fait choix de ce temps,
Entre chez sa voisine, et, comme un vrai corsaire,
Mange, casse, pille et détruit ;
La mouche sur ces entrefaites,
Arrive, et sans beaucoup de bruit
Dit au frelon : Mais, ingrat que vous êtes,
Vous détruisez ce qui m'a tant coûté.
De mes bienfaits c'est donc là le salaire?

Travaillez, fainéant, fuyez l'oisiveté,
Car en ne faisant rien on apprend à malfaire.

Le Coq et la Limace.

La limace et le coq devisant sous un chêne
Avaient même dessein : un beau gland leur plaisait ;
Pour l'atteindre, le coq fièrement s'élançait.
La limace sous cap le glosait sur sa peine,
Et lui dit lentement : Ta tentative est vaine,
Imite-moi ; c'est ainsi qu'on s'y prend.
Sieur coq méprisant sa pensée
La vit aller tête baissée
Prendre le pied de l'arbre, et si bien qu'en rampant

Dame limace eut la joie
D'atteindre et d'emporter la proie.
Que l'honnête homme doit souffrir,
S'il est contraint d'imiter la limace!
Mais cependant elle nous trace
Le chemin que l'on doit tenir
Quand on veut parvenir.

L'Orme et le Lierre.

Un orme droit et bien fait
Aurait dû de son sort être très-satisfait;
Mais, peu content des dons de la nature,
Il voulut d'un lierre emprunter la parure.
Il était loin de lui, comment s'en approcher?
C'était donc au lierre à le venir chercher:
  Ce n'est pourtant guère l'usage,
  Que qui peut nous faire plaisir
  Prévienne notre désir.
Aussi l'ormeau lui tint-il ce langage:
  Voisin, soyons étroitement liés;
  Tu rampes, on te foule aux pieds,
  Cela me fait peine et m'outrage:
Toi qui n'es pas sujet aux injures du temps,
  Et toujours vert, toujours en ton printemps,
  Tu serais enfoui? Non, ce serait dommage;
  Approche-toi, je serai ton appui.
Le lierre à l'instant prend au mot l'étourdi,
  Il change de route et de forme;
Il se dresse et s'applique intimement à l'orme,
  Qui d'abord ne s'aperçut pas
Que le lierre était une parure vaine
Dont peut-être trop tard il ferait peu de cas.
  Au bout d'un temps: Cela me gêne,
  Se dit l'ormeau; lierre, mon ami,
  Si tu voulais avoir moins de tendresse
Et t'écarter un peu de moi... Qu'est-ce ceci!
  Quoi! de plus en plus il me presse!
  Et je m'aperçois chaque jour
Que je n'y puis tenir. Il fait nouvelle plainte,
  Et le lierre est toujours sourd.
  A la fin, la voix presque éteinte,
  L'orme suppliait humblement
  Qu'on vînt lui donner assistance,
Et qu'on le délivrât de ce vain ornement,
  Mais ce fut inutilement,
Il mourut étouffé de sa magnificence.

Que d'hommes dans ce cas! on les voit désirer,
Briguer avidement ce qui leur est contraire,
Par de brillants emplois on se fait admirer,
  On en impose au stupide vulgaire;
Mais tous ces beaux emplois ressemblent au lierre,
Ils ruinent souvent ce qu'ils semblent parer.

GANEAU (N.), poëte français du dix-huitième siècle, n'est connu que comme auteur des deux ouvrages suivants, publiés sous le voile de l'anonyme: *Etrennes pour les enfants, à l'usage des grandes personnes qui voudront bien s'en amuser*, Paris, 1758, in-12; *Nouveaux Contes en vers et Epigrammes* (Genève), Paris, 1765, in-12.

L'Anguille et le Serpent.

Concevez-vous le caprice des hommes?
Disait l'anguille à certain gros serpent
Des plus rusés. Vous le voyez, nous sommes
A leur fureur en butte à chaque instant;
Tous les jours on les voit, pour nous faire la guerre,
  Au fond des eaux s'avancer hardiment:
Cependant les cruels, à l'égal du tonnerre,
Redoutent votre approche. Eh! pourquoi? Le voici,
  Lui répondit, en sifflant, celui-ci:
Vous êtes sans défense, ils ne vous craignent guère;
Mais quant à nous, armés jusques aux dents,
  S'ils sont mauvais, nous devenons méchants.
C'est ainsi qu'avec eux on se tire d'affaire,
  Trop de bonté les rend trop insolents.

Le Loup pénitent.

Un loup pris sur le fait enlevant un mouton,
  Allait périr sous le bâton;
Il eut recours à la clémence
Du bon berger Colin, s'engagea par serment,
Et lui promit pour faire pénitence
De s'abstenir exactement
De manger de la chair. On le crut, et, sa grâce
Expédiée, il détale en courant
Sans demander son reste, passe
Près d'un marais, aperçoit dom pourceau
Qui barbotait et se vautrait dans l'eau.
Oh! oh! dit-il, ceci n'est chair, je pense,
Mais c'est poisson, et le poisson
(J'ai bien retenu ma leçon)
N'est point compris dans la défense;
Je puis donc en manger en toute conscience.
Ce qui fut dit fut fait aussi.

Que pourrions-nous conclure de ceci?
Qu'il ne faut point avoir de confiance
  En la parole d'un vaurien;
Pour la fausser, il a plus d'un moyen.

GROZELIER (NICOLAS), prêtre de l'Oratoire, né à Beaune le 29 août 1692, mort le 19 juin 1778. Ses *Fables nouvelles*, divisées en trois livres, furent publiées à Paris en 1760.

Le Limaçon et les Abeilles.

Limaçon dégoûté de son mince ordinaire,
Voulut dans une ruche aller faire grand'chère.
Il s'y glisse et transporte avec lui sa maison,
Comptant être à couvert, et des traits de l'abeille,
  Et de toute insulte pareille.
Le reptile en cela croyait avoir raison;
Mais il connaissait peu de cette volatile
  L'adresse et la subtilité
  A défendre son domicile,
Et le mettre à l'abri de toute hostilité.
Dès qu'on voit le larron enfermé dans la place,
  De s'en défaire on cherche le moyen.
Pour le percer l'aiguillon ne fait rien:
  De tirer cette lourde masse
  Est encor plus grand embarras;
  On n'est pas assez fort de bras.
A quoi se décider? faut-il lui faire grâce?
Non, mais voici ce que conclut
Le suprême conseil; il frappa juste au but.
  De tous côtés il entoure le sire,
  Et vous l'enduit d'une couche de cire,
  Tant et si fort le collant au plancher,
  Qu'onc il ne put se détacher.
Par cet expédient la ruche s'en délivre.
Ainsi mourut de faim celui qui voulait vivre
  Grassement aux dépens d'autrui.
Que de voleurs trompés ont péri comme lui!

Le Geai et la Pie.

Un geai, qui fut instruit de bonne heure à la ville,
  Avait appris une suite de mots
  Qu'il répétait à tous propos,
Et dans l'art de parler se croyait très-habile.
Un jour s'étant enfui par hasard dans les bois,
Pour se faire admirer il voulut faire usage,
Auprès du peuple oiseau, de son nouveau langage.
  Il fut sifflé tout d'une voix;
  On lui lâcha maint trait de raillerie,
  En l'entendant parler sans fin,
  Et, comme un traquet de moulin,
Répéter son rôlet: c'était là sa folie.
Dès son enfance il avait pris ce train.
Hé! laissez-le jaser, dit une vieille pie,
Que sans doute excitait un peu de jalousie:
Il dit tout ce qu'il sait et ne sait ce qu'il dit.
Le proverbe commun en lui se vérifie:
Que plus un vase est vide, et plus il retentit.

AUBERT (J.-L.), abbé et chapelain de l'Église de Paris, professeur de littérature française au collège royal, né à Paris en 1731, mourut le 10 novembre 1814. Sans s'éloigner du naturel et de la simplicité, il donna à l'apologue une tournure philosophique. Ses *Fables nouvelles*, publiées en 1761, ont eu plusieurs éditions et méritent leur succès.

Le Jeu d'Échecs.

Certaines majestés jadis étaient fort vaines;
Les majestés d'un jeu d'échecs:

Les rois, plus respectés, plus puissants que les reines,
Ne les mettaient qu'au rang de leurs premiers sujets.
Les reines à leur tour voyaient au-dessous d'elles
Les chevaliers, les fous, et ceux-ci les pions.
Qui croirait que les fous ont des prétentions?
Plus d'une cour pourrait en dire des nouvelles,
Plus d'un sage s'est vu par un fou supplanté.
Bientôt la fin du jeu, rabattant leur fierté,
 Détruisit ces vaines chimères
 De puissance et de dignité :
Bientôt avec éclat un dernier coup porté
 Ruina des grandeurs si chères;
 Et le même sac à la fois
Reçut reines, pions, chevaliers, fous et rois.

 Contre les bornes de la vie
 Qu'un grand se brise avec fracas,
 Je ne lui porte point envie,
 En est-il moins que moi victime du trépas?
Tout est mis au niveau par la Parque ennemie :
 Elle frappe et ne choisit pas.

Le Dogue et sa Chaîne.

Comment! je garderai la cour et le jardin,
Et l'on m'enchaînera pour prix de tant de peine,
 Et l'on me nourrira de pain!
Par Jupiter!.... Mouflar se débattant soudain,
 Entre en fureur, brise sa chaîne,
 Et s'enfuit dans le bois voisin.
 Mais Mouflar avait eu beau faire,
Il traînait à son cou les trois quarts du lien,
 Fardeau cruel et qui le désespère.
 Il fallait voir ce pauvre chien,
 Courant les bois, secouant les oreilles,
Mordant avec effort ce fatal instrument.
 Jamais Sisyphe en son affreux tourment
 N'éprouva des fureurs pareilles.
Dans ton premier état tu vivais plus content;
Ton maître adoucissait parfois ton esclavage :
 Pauvre Mouflar, quel avantage
 Te revient-il d'avoir fait le méchant?
Te voilà pour toujours enchaîné quoique errant.
 Cette réflexion rendit Mouflar plus sage.
 Il retourne au logis, présente son collier,
 Reçoit quelques coups d'étrivière,
 Et reprend son premier métier

 Ce récit ferait la matière
D'un long discours sur les sages du temps.
Écoutez-les : ils sont indépendants;
Ils ont de la raison agrandi le domaine,
Et secoué le joug de ces anciens tyrans,
Que nous nommons devoirs, nous autres bonnes gens.
Mais regardez de près cette engeance si vaine :
C'est le dogue Mouflar traînant partout sa chaîne.

La Rose et le Bouton.

En vérité, je ne vous comprends pas;
Vous vous perdrez, ma sœur, par votre humeur coquette :
Voilà, de compte fait, depuis que je vous guette,
Vingt amants, tour à tour épris de vos appas,
 Dont vous écoutez la fleurette.
Je vois sur votre sein zéphyr et papillon
Cueillir à chaque instant le fruit de leur tendresse;
 Vous les favorisez sans cesse.
Ma sœur, vous devriez vivre d'autre façon :
 Savez-vous bien que l'on en cause?
 Ainsi des amours de la rose
 Discourait un jour le bouton :
 — Frère, votre conseil est bon,
 Je vous rends grâces, lui dit-elle :
Mais vous-même aujourd'hui servez-moi de modèle,
Chassez d'auprès de vous l'abeille et le frelon;
Je pourrai profiter alors de la leçon.

Fanfan et Colas.

Fanfan, gras et vermeil et marchant sans lisière,
 Voyait son troisième printemps.
D'un si beau nourrisson Perrette toute fière,
S'en allait à Paris le rendre à ses parents.
 Perrette avait sur sa bourrique,
 Dans deux paniers, mis Colas et Fanfan.

De la riche Chloé celui-ci fils unique,
Allait changer d'état, de nom, d'habillement,
 Et peut-être de caractère.
 Colas, lui, n'était que Colas,
Fils de Perrette et de son mari Pierre.
Il aimait tant Fanfan qu'il ne le quittait pas.
 Fanfan le chérissait de même.
Ils arrivent. Chloé prend son fils dans ses bras,
 Son étonnement est extrême,
Tant il lui paraît fort, bien nourri, gros et gras.
Perrette de ses soins est largement payée,
 Voilà Perrette renvoyée;
 Voilà Colas que Fanfan voit partir.
 Trio de pleurs. Fanfan se désespère :
 Il aimait Colas comme un frère;
Sans Perrette et sans lui, que va-t-il devenir?
Il fallut se quitter. On dit à la nourrice :
Quand de votre hameau vous viendrez à Paris,
 N'oubliez pas d'amener votre fils,
Entendez-vous, Perrette? On lui rendra service.
Perrette le cœur gros, mais plein d'un doux espoir,
De son Colas déjà croit la fortune faite.
De Fanfan cependant Chloé fait la toilette.
Le voilà décrassé, beau, blanc, il fallait voir!
Habit moiré, toquet d'or, riche aigrette :
On dit que le fripon se voyant au miroir,
 Oublia Colas et Perrette.
Je voudrais à Fanfan porter cette galette,
Dit la nourrice un jour; Pierre, qu'en penses-tu?
Voilà tantôt six mois que nous ne l'avons vu.
 Pierre y consent, Colas est du voyage.
Fanfan trouva (l'orgueil est de tout âge)
Pour son ami Colas trop mal vêtu :
Sans la galette il l'aurait méconnu.
Perrette accompagna ce gâteau d'un fromage,
De fruits et de raisins, doux trésors de Bacchus.
 Les présents furent bien reçus,
Ce fut tout; et tandis qu'elle s'est occupée
 Qu'à faire éclater son amour,
 Le marmot lui bat du tambour,
Traîne son chariot, fait danser sa poupée.
Quand il a bien joué, Colas dit : C'est mon tour.
 Mais Fanfan n'était plus son frère,
 Fanfan le trouva téméraire;
Fanfan le repoussa d'un air fier et mutin.
Perrette alors prend Colas par la main :
 Viens, lui dit-elle avec tristesse,
 Voilà Fanfan devenu grand seigneur;
 Viens, mon fils, tu n'as plus son cœur.

L'amitié disparaît où l'égalité cesse.

Le Jeu de Palet.

 Certain palet adroitement lancé
 Part comme un trait, et le voilà placé
 Près du but. La place était bonne;
Il n'y craignait, dit-on, personne,
Quand soudain par un autre il se voit repoussé.
Un troisième à son tour donne au second la chasse.
 Un quatrième part, et celui-ci se place
 Sur le but même. Il a gagné.

Même cas tous les jours arrive chez les hommes.
 Nous courons tous tant que nous sommes
 Vers certain but plus ou moins éloigné.
Tel qui l'atteint d'abord est supplanté sur l'heure :
C'est souvent au dernier que la place demeure.

Le Livre de la Raison.

Lorsque le ciel, prodigue en ses présents,
Combla de bien tant d'êtres différents,
Ouvrages merveilleux de son pouvoir suprême,
 De Jupiter l'homme reçut, dit-on,
 Un livre écrit par Minerve elle-même,
 Ayant pour titre la Raison.
Ce livre ouvert aux yeux de tous les âges,
Les devait tous conduire à la vertu;
Mais d'aucun d'eux il ne fut entendu,
Quoiqu'il contînt les leçons les plus sages.
L'enfance y vit des mots, et rien de plus;
 La jeunesse, beaucoup d'abus;
L'âge suivant, des regrets superflus;
Et la vieillesse en déchira les pages.

L'Âne ministre.

Maître âne fut un jour choisi par le lion
Pour l'aider à porter le poids de la couronne.
En ce temps-là sa majesté lionne
    Radotait quelque peu, dit-on.
A peine de l'Etat l'âne eut pris le timon,
Que ne songeant qu'à soi, d'ailleurs plein d'ignorance,
    Comme tout maître Aliboron,
Il forma maint projet rempli d'extravagance;
    Se réserva tout le chardon
        Du canton;
    Changea les lois, fit un code à sa guise.
Quel code! un vain fatras de grotesque jargon,
    Un chef-d'œuvre de balourdise,
Aux fripons, aux méchants, donnant toujours raison.
Mais où brilla l'esprit de l'âne,
Ce fut au choix qu'il fit d'animaux sans talents
    Pour remplir les postes vacants.
Ses confrères, gens lourds, gens à grossier organe,
    Furent élus ambassadeurs.
Le lièvre tourmenté de paniques terreurs,
    Eut la conduite de l'armée;
A l'emploi d'espion la taupe fut nommée,
La taupe qui n'y voit pas plus que dans un four;
Le singe, jusqu'alors simple bouffon de cour,
    Fut élu chef de la justice;
    Le loup brigand eut la police.
Enfin, mettant le comble à tant d'absurdités,
    L'âne choisit pour faire les traités
La marmotte, qui dort la moitié de l'année.
Tant que la nation fut ainsi gouvernée,
    Tout alla mal en guerre comme en paix.
Le lion perdait sa puissance,
Si la mort n'eût surpris le plus sot des baudets
    Au milieu de ses grands projets.

Que de maux peut d'un seul produire l'ignorance,
    Quand il a le pouvoir en mains!
    Rois, vos intérêts sont les nôtres:
Ne confiez aux sots vos droits ni vos destins;
Un mauvais choix toujours en entraîne mille autres.

L'Horloge à réveil.

Un homme à qui la mort, à force d'y songer,
    Rendait la vie insupportable,
Pour médecin un jour choisit son horloger:
Choix par lequel il crut se sauver du danger
Qu'on court entre les mains d'un docteur véritable.
C'était la nuit surtout que cet homme craignait
De l'infernale faux l'invasion subite.
Encor faut-il du moins savoir l'heure qu'il est
Quand la Mort, disait-il, vient nous rendre visite.
Faites-moi, sans grands frais, monsieur George, un réveil
    Qui sonne l'heure et la demie.
Monsieur George obéit, et voilà du sommeil
    Les pavots dispersés par cette sonnerie;
Voilà notre hypocondre agité de la peur
D'entendre sonner l'heure et de perdre la vie:
Il maudit l'horloger, qui, doublant sa terreur,
    Lui cause une double insomnie.
Celui-ci prend alors le ton d'un vrai docteur:
Je ne vois, lui dit-il, dans votre maladie
    Qu'une sombre et triste vapeur
    Que ce réveil aurait guérie,
Si vous ne m'aviez pas prescrit l'économie:
    Payez-en plus cher la façon,
Et j'y vais adapter un brillant carillon
Qui chassera soudain cette mélancolie.
— Soit, dit le vaporeux. Inutile industrie;
Dans un cerveau timbré tout se change en poison.
Le carillon en vain à toute heure varie;
La peur saisit d'abord notre homme au premier son,
    Et comme une longue agonie,
Tant que dure chaque air, lui donne le frisson.
    A la fin il perdit courage.
Mais pourquoi de la mort ainsi se tourmenter?
    Cet homme, il n'en faut point douter,
Avait fait de la vie un criminel usage.
Quiconque ici-bas vit en sage
Et des arrêts du ciel n'a rien à redouter,
Bravant jusques au bout les dangers du voyage,
    Prend les heures sans les compter.

Le Sommeil du méchant.

Un soir sous un berceau quelqu'un voyant dormir
    Un tyran qui passait sa vie
A tourmenter autrui pour l'unique plaisir
    De contenter sa barbarie,
    Ne put s'empêcher d'en gémir:
Ce scélérat, dit-il, dort d'un aussi bon somme
    Que pourrait faire un honnête homme:
Dans ce repos si doux et si peu mérité
Je ne reconnais point la céleste équité.
Un vieillard l'entendit: — Tremble qu'il ne s'éveille,
Lui dit tout bas cet homme, et rends grâces aux dieux
De ce qu'en attendant la paix règne en ces lieux:
Le crime dort tandis que le tyran sommeille.
Les dieux, lorsque la nuit brunit l'émail des champs,
    Et noircit le palais des villes,
Accordent quelquefois le sommeil aux méchants,
    Afin que les bons soient tranquilles. »

VADÉ (Jean-Joseph), né à Ham (Picardie) en 1720, mourut le 4 juillet 1757, à Paris. Les œuvres de Vadé ont été recueillies d'abord en 4 vol. in-8, ensuite en 6 vol. in-12.

Le Joueur de gobelets.

Escroquillard, fameux escamoteur,
    Dans un village un beau dimanche
    Dressa son théâtre imposteur
Sur deux tréteaux que couvrait une planche;
Puis au bruit du tambour il se fit annoncer:
« C'est par ici, messieurs! allons, prenez vos places,
    Dans l'instant je vais commencer. »
    Tous mes benêts, pipés par ses grimaces,
    De l'admirer ne pouvaient se lasser.
    Après maints tours de passe-passes
    Ils ne savaient que dire et que penser.
    Leurs yeux, frappés de ce rare spectacle,
    Prenaient pour autant de miracle
Chaque parole et chaque changement:
    Ils ne concevaient pas comment,
    Sans y toucher, une muscade,
Par le pouvoir du seul commandement,
    Allait joindre sa camarade...
« Allons, messieurs! à ce tour-ci:
Par la vertu de ma baguette
Je vais changer cet écu que voici
En plomb... Partez... La chose est faite;
Le voyez-vous? Ça, maintenant
Que le plomb redevienne argent:
Soufflez dessus... » Chaque maroufle
Tour à tour de bonne foi souffle,
    Et l'écu paraît de nouveau.
« Ah! mon Dieu! Seigneur, que c'est beau!
    Quel esprit! c'est pire qu'un homme
    Que cet homme-là... — Ça, messieurs,
Leur dit Escroquillard, le temps m'appelle ailleurs. »
    A leurs dépens, muni d'une assez bonne somme,
    Son départ fut son dernier tour.
Le village longtemps parla de l'homme habile.

    Que de villageois à la ville!
    Que d'escamoteurs à la cour!

LA LOUPTIÈRE (Jean-Charles de Relongue de), né à la Louptière, diocèse de Sens, le 16 juin 1727, et mort en 1784, était membre de l'académie de Châlons et de celle des Arcades de Rome. Il publia, en 1768, un Recueil de poésies et Œuvres diverses, en 2 vol. in-8.

La Chasse au miroir.

Sur la fin de l'hiver vivait une alouette,
    Vrai modèle d'instinct et de vivacité,
    Jeune surtout et fort bien faite,
Par conséquent pleine de vanité.
    On la voyait dans les campagnes
    Se rengorger, se panacher,
    D'elle-même s'amouracher.
    Allait-elle avec ses compagnes,
    Ce n'était que pour s'assurer
    Qu'elle valait beaucoup mieux qu'elles,
    Et les contraindre d'admirer
    Quelques gentillesses nouvelles.
    Elle se disait quelquefois:

— Je vaux, ou l'on m'a bien trompée,
    L'alouette la mieux huppée.
Il n'est pas un oiseau dans nos champs, dans nos bois,
    Qui ne s'honorât de mon choix;
    Mais, après tout, suis-je donc faite
Avec tant d'agréments pour le bonheur d'un seul?
Et quel mal est-ce au fond que d'être un peu coquette?
    Dans le creux de quelque tilleul
    Une vieille mésange, au déclin de sa vie,
En aura fait un crime, et cela par envie.
      Nous avons toutes bonnement
      Reçu pour loi ce radotage;
      Mais enfin je ne suis pas d'âge
      A penser ridiculement.
    Tandis qu'elle tient ce langage,
Elle voit dans un champ reluire son image :
    Un miroir faisant cet effet
Dérobait à ses yeux un dangereux filet.
    Un jeune enfant la guettait au passage :
La voilà toutefois qui s'élève en chantant,
S'abaisse par degrés, plane avec complaisance,
    Se retourne à chaque distance,
    Se trouve au moindre mouvement
    Plus belle encor qu'auparavant;
Tant qu'à la fin, s'abattant sur la glace,
    Dans le piége elle s'embarrasse,
    Ivre du plaisir de se voir.

Que de jeunes beautés l'Amour prend au miroir!

    Colinet le petit avec sa sœur Jeannette,
      Qui déjà trottait grandelette.
L'alarme était chez eux, et, depuis près d'un an,
    Tout périssait sous lapin le tyran.
Il rendait de Guillot les espérances vaines.
Guillot eut beau traîner le bœuf sur ses sillons,
Il avait vu périr ses naissantes moissons;
L'ennemi dissipait tout le fruit de ses peines.
Ce tyran fugitif errant dans les guérets
Ravageait en courant l'empire de Cérès.
Là ce seigneur vivait avec magnificence.
Chaque jour bals nouveaux et de nouveaux festins;
Il tenait table ouverte à messieurs les lapins,
Qui tous, comme savez qu'il se pratique en France,
    Aux dépens du pauvre manant
    Dans le nouveau gouvernement
S'ébaudissaient, sautaient, faisaient bombance.
Maître lapin vivait en intendant.
Ce n'était tout : le drôle avait force compagnes,
    Et chaque jour avec impunité
Il peuplait les terriers de sa postérité.
Nul n'osait attaquer le Néron des campagnes.
Certain chien de Guillot, ami de l'équité,
Et contre les lapins par la haine emporté,
Brûlait d'un beau désir de venger la luzerne.
D'une autre part, le maître subalterne
Des champs que ravageait le timide Néron,
Dans l'excès des transports où sa fureur se livre,
Désirait le tuer pour lui montrer à vivre;
Mais il n'osait, craignant la loi du talion.

L'ENFANT MIS SUR UNE TABLE (Barbe).
Je suis grand, disait-il. Quelqu'un lui répondit :
Descendez, vous serez petit.

LE LIÈVRE ET LA TORTUE (Boisard).
Dans tous tes gîtes tu frissonnes :
Je n'en ai qu'un, mais il est sûr.

FONTAINE MALHERBE (J.), né dans le diocèse de Coutances vers 1740, mort en 1780, a publié des *Fables et Contes moraux*, Londres, 1769.

Le Lapin et le Propriétaire d'un champ.

Un lapin qui savait par cœur son ordonnance,
    De l'équité bravant toutes les lois,
    Venait avec pleine licence.
Ravager tous les jours le champ d'un villageois;
    Champ bienfaiteur qui contre la misère
    Soutenait seul une famille entière
      De quatre fort honnêtes gens :
      Savoir, Cataut, la ménagère,
      Guillot père de deux enfants;

    Guillot pourtant, qui lui gardait rancune,
    Se poste en embuscade et l'attend sur la brune,
    Et n'écoutant que sa juste fureur,
    Exposant au hasard sa vie et sa fortune,
    Roide mort sur la place étend l'usurpateur.
    Ah! lui dit-il, je te tiens, misérable,
    Je suis vengé du mal que tu m'as fait.
      Il l'emporte, et dans un civet
      Court se régaler du coupable.

De cet hôte des champs craignez le triste sort,
Gens abusant des droits qu'un maître vous confie,
    Gens oppresseurs de la patrie :
Ce lapin fut un traître et Guillot n'eut pas tort;
Il fit des malheureux, il méritait la mort.

LES FABULISTES POPULAIRES.

MISSY (César de), né en 1703, mort à Londres en 1775, est auteur d'un recueil intitulé : *Paraboles ou Fables et autres narrations d'un citoyen de la république chrétienne du dix-huitième siècle*, 1769, in-8. La plupart de ces opuscules sont imités des *Histoires et Paraboles* du P. Bonaventure Giraudeau.

Le Rat et la Carpe.

Un rat s'était vanté de passer sans bateau
Le plus profond canal, le plus large ruisseau.
Un beau jour, pour montrer sa force et son courage,
Et prenant pour témoins les gens d'un gros vaisseau
Qui venait justement de se mettre à l'ancrage,
Il allait traverser la Tamise à la nage.
Une carpe y parut bondissant à fleur d'eau :
    C'était pour elle un badinage;
Il crut qu'elle avait peur, et venait le prier
    De la garantir du naufrage.
Elle fit le plongeon. Eh bien! dit-il, je gage
Que même sans m'attendre elle va se noyer.
Puis de toute sa force à grands cris il l'appelle.

Pour monter jusqu'ici te faut-il une échelle?
Tiens, monte vers le bord, gagne cet escalier :
Tout au moins réponds-moi. Mais il a beau crier;
    Du fond de l'eau point de nouvelle.
Allons, dit-il, il faut lui prêter mon secours,
La sauver et l'instruire, et servir de modèle.
Il dit, et sans autre discours,
Fait un plongeon gaillard pour courir après elle.
La carpe revint seule, et du rat important,
Le sort jusqu'à ce jour serait douteux peut-être,
N'était que de lui-même on le vit reparaître
    Les quatre pieds en l'air, flottant
    Au gré des zéphyrs et de l'onde.

Nous ne voyons que rats à deux pieds dans le monde,
Qui veulent à poissons montrer l'art de nager.
Fiers censeurs sans talents, qui voulez tout juger,
    Et dont ce pauvre siècle abonde,
    M'entendez-vous? Profitez-en.
    Le ton de votre pédantisme
Est celui de mon rat ou celui de Gros-Jean
Qui veut à son curé montrer le catéchisme.

LE LION JUGE (Imbert).

. . . . . . pensant à mon roi,
J'avais, pour son souper, tué cet imbécile.

L'Oignon de tulipe et le Grain de sénevé.

Un petit grain de sénevé
S'étant d'aventure trouvé
Voisin d'un oignon de tulipe,
Quoi! lui dit le gros compagnon,
Ce petit grain-là s'émancipe
Jusqu'à se mettre en rang d'oignon?
— Seigneur, excusez-moi, de grâce,
Lui dit le grain tout doucement,
Pardonnez au destin qui près de vous me place,
Et m'y laissez paisiblement.
Je mène dans ces lieux une vie assez sombre :
Mais si vous m'y souffrez, je promets à mon tour,
Que vous ou vos enfants un jour
Je vous protégerai volontiers de mon ombre.

Ainsi de gros prélats méprisent aujourd'hui
Un mérite naissant qui voit leur arrogance,
La souffre sans murmure, et sent pourtant d'avance
Qu'ils ne feront un jour que ramper près de lui.

DU COUDRAY (A.-J.-L., chevalier Du Coudray, seigneur des Fossés, etc.), né à Paris en 1744. Ses *Fables allemandes et Contes français en vers*, parurent en 1770 et eurent une seconde édition en 1772.

L'Abeille et l'Homme.

As-tu parmi les animaux
    Volant sur ces ormeaux,
    Pâturant dans ces prairies
    Toujours fleuries,
Un plus grand bienfaiteur que nous?
Demandait d'un ton assez doux
    Jadis l'abeille à l'homme.
Ce dernier répondit :
    — Sans contredit,
Et je vais te montrer comme...
— Quel animal! repart l'abeille. — La brebis,
Dit l'homme, sa toison, autant qu'elle est durable,
M'est nécessaire en tout pour moi, pour mes habits,
    Et ton miel ne m'est qu'agréable. »

BARBE (le P.), prêtre de la doctrine chrétienne, a publié un petit nombre de fables dont quelques-unes sont pleines d'intérêt. Son ouvrage est intitulé: *Fables et Contes philosophiques*, Paris, 1771.

La Poule et le jeune Coq.

Voyez ce puits fatal... C'est là qu'un de vos frères,
En voulant essayer ses ailes téméraires,
S'est lui-même jeté dans les bras de la mort.
Si vous en approchez, craignez le même sort.
Dame poule autrefois adressa ce langage
    Au coq son fils. Il promet d'être sage,
Tandis que dans son cœur il forme le désir
De s'approcher du puits et de désobéir.
    A quoi bon l'ordre de ma mère?
    Dit-il; elle est vieille, elle a peur.
Mais dois-je respecter une vaine terreur?
Un coq doit-il trembler comme une âme vulgaire?
    Le beau conseil! Suis-je un lâche à ses yeux?
A-t-elle contre moi des soupçons odieux?
Peut-être aussi qu'ayant du grain de reste,
Ma mère l'a caché dans le fond de ce puits,
Et qu'elle le destine à ses plus jeunes fils.
Volons, volons vers ce lieu si funeste...
    Il dit, il vole : il arrive d'abord
    Au puits fatal, et perché sur le bord,
    Il se baisse, il voit son image...
« Que vois-je?... C'est un coq. Vraiment il se nourrit
Des grains cachés. Oh! je l'avais bien dit.
Voyons qui de nous deux en aura davantage...
A l'instant il s'élance, et trouve, au lieu de grain,
La mort. Jeune étourdi qu'on avertit en vain,
Cette fable est pour vous; tâchez d'en faire usage.

L'Enfant et la Rose.

Un jeune enfant se plaignait autrefois
    Que quand il cueillait une rose
    Il se piquait toujours les doigts.
En vérité, c'est une étrange chose!
Disait-il en colère, et la nature a tort
    De placer une fleur si belle
Sur un buisson. De quoi s'avise-t-elle?
    Pour moi je la blâme très-fort.
    — Taisez-vous, jeune homme peu sage,
Lui répondit la rose en son langage
(Car tout parlait alors, fruits, arbrisseaux et fleurs),
    Le plaisir ne va point sans peine;
Il exige des soins: cette règle est certaine.
Vous dois-je mon éclat et mes belles couleurs?
    Je vous les cède sans murmure;
    Mais permettez au moins que la nature,
    En vous comblant de ses faveurs,
Mette un léger obstacle à vos vives ardeurs.
. La réprimande était juste. A la rose
Tout parlement donnerait gain de cause.
Quant au jeune homme, il n'avait pas raison;
Sa petite colère était hors de saison,
    Ses plaintes étaient indécentes :
    Au lieu de se livrer à sa mauvaise humeur,
Il devait écarter les épines piquantes
    Avant que d'arracher la fleur.

Sans peine et sans travail obtenir le bonheur
Est un droit dont le ciel ne fait part à personne :
La nature vend tout, rarement elle donne.

L'Offre trompeuse.

    Sur la porte d'un beau jardin
Ces mots étaient gravés : Je donne ce parterre
A quiconque est content. — Voilà bien mon affaire,
Dit un homme tout bas ; j'ai droit à ce terrain.
    Plein de joie il s'adresse au maître :
Pour m'établir ici vous me voyez paraître;
    Je suis content de mon destin.
Le seigneur lui répond : Cela ne saurait être;
    Qui veut avoir ce qu'il n'a pas
N'est point content : retournez sur vos pas.

L'Enfant mis sur une table.

Un enfant s'admirait, monté sur une table.
Je suis grand, disait-il. Quelqu'un lui répondit :
    Descendez, vous serez petit.

Quel est l'enfant de cette fable?
Le riche qui s'enorgueillit.

BRET (Antoine), né à Dijon en 1717, mort à Paris le 25 février 1792. Ses *Fables orientales et poésies diverses* parurent en 1772, Deux-Ponts, imprimerie ducale. Il a laissé en outre quelques comédies facilement écrites et un bon *Commentaire sur Molière*.

L'Aveugle.

    Le dos courbé sous une charge d'eau,
Un aveugle marchait, dans une nuit obscure,
    Tenant à la main un flambeau.
    Oh! c'est démence toute pure!
Dit un passant : bonhomme, à quel propos
Vous éclairer? quelle en est donc la cause?
Et le jour et la nuit sont pour vous même chose,
C'est pour nous que sont faits lanternes et falots;
    Votre dépense est au moins superflue.
    — Non, dit l'aveugle, elle empêche les sots
De venir se briser contre moi dans la rue.

Le Renard.

    Dans les champs sablonneux d'Asie
    Que le Taurus va partageant,
    Un renard fuyait en criant:
    Sauve qui peut! — Par quelle fantaisie,
Lui dit quelqu'un, te vois-je fuir ainsi?
Je n'aperçois chiens ni chasseurs ici,
Qui causent la terreur dont ton âme est saisie.
    — Vous ne savez donc pas, répond maître renard,
    Que le sophi, pour son départ,
De chameaux et mulets veut qu'on fasse recrue;
    Que l'ordonnance en vient d'être rendue?
— Je le sais comme toi, dit l'autre, mais, parbleu!
Tu n'es chameau ni mulet. — Pauvre bête!
    Répond le renard avec feu;
    Si le moindre commis m'arrête
    Et qu'il dise : C'est un chameau,
    J'aurai beau crier et beau faire,
    Je périrai sous le fardeau
    Avant qu'on ait jugé l'affaire.

DORAT (Claude-Joseph), d'abord mousquetaire, fut poëte, auteur dramatique et romancier. On a de lui *Fables nouvelles, allégoriques et philosophiques*, Paris (Mons), 1773, 2 vol. in-8. Il était né le 31 décembre 1734 à Paris, où il mourut le 29 avril 1780.

Le Serpent et la Colonne.

    Un serpent des plus étourdis
Sous le parvis d'un temple insulte une colonne.
    Et le voilà qui l'environne
    De ses innombrables replis.
    Il est temps, dit-il, qu'on t'abatte,
Que de ton faste antique on délivre les airs.
    En même temps jaillissent les éclairs
    De sa prunelle d'écarlate.
Il s'enfle, il se courrouce, il vomit son poison,
    Et, dans l'accès de sa rage inutile,
    Va contre le marbre immobile
Dardant les traits aigus de son triple aiguillon.
Un passant qui survient coupe en deux le reptile,
Qui, dans l'instant détaché du fronton,
    Ensanglante le péristyle,
S'agite et rampe encor sur son double tronçon :
Mais, malgré ses efforts, la force l'abandonne :
Sa crête qui pâlit veut en vain se dresser;
    Il meurt au bas de la colonne
Qu'il s'efforçait de renverser.

La Goutte d'eau.

    Dans la crise d'une tourmente
    Qui bouleversait l'Océan,
Tout à coup enlevée à la vague écumante,
    Parmi la foudre et l'ouragan,
    Une goutte de l'onde amère
    Rejaillit sur un roc voisin.
D'ici je vais voir tout le train,
Dit-elle... qu'il est doux de vivre solitaire!
N'existons que pour nous, et respirons enfin;
Sans dépendre toujours de quelque flot mutin,

Des éléments j'observerai la guerre,
Et l'Océan aura beau faire,
Il ne m'aura plus dans son sein.
Le dieu du jour alors s'échappe de la nue,
Et sur le roc voilà soudain
　　Ma raisonneuse disparue.
Mêlée avec les flots, elle suivait leur cours,
　　Des vents affrontait la furie,
Et dans les vastes mers eût roulé pour toujours :
　　Seule un instant, elle est tarie.

BOISARD (Jean-Marie), né à Caen en 1743. Ses *Fables nouvelles* parurent en 1773, et ont été souvent réimprimées. La dernière édition, publiée en 1806, porte le titre de *Mille et une Fables*.

Le Cheval, le Bœuf, le Mouton, et l'Ane.

Quatre animaux divers et d'instinct et de nom,
　　Dom coursier à l'humeur altière,
　　Robin mouton le débonnaire,
Tête froide le bœuf et maître Aliboron,
Mourant de faim parmi les joncs d'un marécage,
　　Convoitaient un gras pâturage
Qu'en vain ils côtoyaient de près,
Et dont Martin bâton leur défendait l'accès.
Tous quatre dévoraient des yeux l'herbe fleurie ;
Mais Martin d'en goûter faisait passer l'envie.
Robin tremblant comme un mouton,
En songeant au danger oubliait la disette.
Dom coursier, pour ses faits prôné dans la gazette,
Perdait tout son courage à l'aspect du bâton.
　　Le bœuf, après mûre réflexion,
　　Abandonnait ses projets de conquête.
Tandis qu'ils ruminaient, l'intrépide grison,
　　Sans tant travailler de la tête,
Du gardien redouté affronta le courroux :
On a beau le frapper, on ne peut s'en défaire ;
Le ladre sans pudeur avance sous les coups ;
D'un saut victorieux il franchit la barrière ;
Et le voilà dans l'herbe enfin jusqu'aux genoux,
Se vautrant, gambadant et broutant sans rancune.
Ses discrets compagnons le poursuivaient en vain
De leurs regards jaloux : Amis, dit le roussin,
　　Voilà comme l'on fait fortune.

La Colombe.

S'il faut être victime ou tyran dans ce monde,
Dit la colombe en proie à sa douleur profonde,
Quel que soit mon destin, j'en bénis la rigueur :
　　Je ne saurais porter envie
　　A l'impitoyable oppresseur
Qui fait le malheur de ma vie ;
　　Et quand je songe qu'à mon tour
Sous sa serre cruelle il faudra que je tombe,
　　En gémissant d'être colombe,
Je rends grâces aux dieux de n'être pas vautour.

L'Éléphant et le Rat.

L'éléphant dévastait la campagne à la ronde :
L'homme sans l'attaquer au piège l'arrêta :
　　Son éminence culbuta
　　Dans une fosse profonde,
D'un branchage trompeur recouverte à dessein.
Le géant renversé s'agite, mais en vain ;
Sans ressource il attend la mort en philosophe.
　　Un fourrageur de moindre étoffe
(Les plus petits aussi font parfois des faux pas),
Le rat au même trou, comme il n'y songeait pas,
Tombe... Mais il regrimpe et trotte dans la plaine.
　　Hélas ! dit le colosse en gémissant,
La chute des petits se répare sans peine :
Et le rat dans la fosse est plus que l'éléphant.

Le Chêne et le Roseau.

De mes rameaux brisés la vallée est couverte,
Disait au vent du nord le chêne du coteau :
Dans ton courroux barbare as-tu juré ma perte,
Tandis que je te vois caresser le roseau ?
—J'ai juré, dit le vent, d'abattre le superbe
　　Qui me résiste comme toi,
　　Et de caresser le brin d'herbe
　　Qui se prosterne devant moi.

Avise à l'instant même à désarmer ma haine,
Ou j'achève à l'instant de te déraciner.
　　—Je puis tomber, reprit le chêne,
　　Mais je ne puis me prosterner.

Le Lièvre et la Tortue.

Le lièvre à la tortue insultait : Ma commère,
Lui dit-il, on prétend que vous avez jadis
A la course sur moi remporté certain prix
Sans allonger beaucoup votre pas ordinaire.
Qu'en dites-vous ? Vous sentez-vous d'humeur
　　A renouveler la gageure ?
Mais, croyez-moi, pour hâter votre allure,
Et ne pas compromettre aujourd'hui votre honneur,
Laissez pour un moment votre toit en arrière ;
Votre attirail n'est pas celui d'une courrière.
Profitez de l'avis de votre serviteur,
Je vous parle en ami ; vous en serez plus leste.
Autre part que chez vous ne pouvez-vous gîter ?
Dans tous les environs j'ai des gîtes de reste,
En petite maison je prétends vous traiter...
Ce n'est pas comme vous, dolente casanière,
Qui dans un même trou languissez prisonnière.
Mais cette nuit pourtant il vous faut découcher :
Haut le pied, à ton toit tâche de t'arracher,
　　Dégourdis-toi, vieille sorcière.
　　La tortue, allongeant le cou,
Repartit : Vous raillez, voltigeur mon compère :
　　Si je ne quitte pas mon trou,
　　Aussi ne m'y trouble-t-on guère.
Bien différent de moi, vous avez cent maisons ;
Pour déloger souvent vous avez vos raisons,
　　Que je crois toutes assez bonnes...
Compère mon ami, ton sommeil n'est pas pur ;
　　Dans tous tes gîtes tu frissonnes :
　　Je n'en ai qu'un, mais il est sûr.

L'Histoire.

　　La capitale d'un empire
Que le glaive du Scythe achevait de détruire,
　　Par mille édifices pompeux,
Du sauvage vainqueur éblouissait la vue.
D'un prince qui régna dans ces murs malheureux,
Il admirait surtout la superbe statue.
　　On lisait sur ce monument :
　　A TRÈS-BON, TRÈS-CLÉMENT,
Et le reste ; en un mot, l'étalage vulgaire
Des termes consacrés au style lapidaire.
Ces mots, en lettres d'or, frappent le conquérant ;
　　Ce témoignage si touchant
Qu'aux vertus de son roi rendait un peuple immense,
Émeut le roi barbare ; il médite en silence
A ce genre d'honneurs qu'il ne connut jamais.
Longtemps de ce bon prince il contemple les traits ;
Il se fait expliquer l'histoire de sa vie.
Ce prince, dit l'histoire, horreur de ses sujets,
Naquit pour le malheur de sa triste patrie ;
Devant son joug de fer il fit taire les lois ;
Il fit le premier pas vers l'affreux despotisme ;
Il étouffa l'honneur, en brillant fanatisme
　　Qui sert si bien les rois :
Et son pouvoir, sorti de ses bornes certaines,
De quelque conquérant préparait les exploits,
Quand d'un peuple, avili par ses lois inhumaines,
Il disposait les bras à recevoir des chaînes.
Tel était le portrait qu'à la postérité
　　Transmettait l'équitable histoire.
Le Scythe confondu ne sait ce qu'il doit croire :
Pourquoi donc, si l'histoire a dit la vérité,
　　Par un monument si notoire
　　Le mensonge est-il attesté ?
Sa Majesté sauvage était bien étonnée.
　　Seigneur, dit un des courtisans,
Qui, durant près d'un siècle, à la cour des tyrans
　　Traîna sa vie infortunée,
Seigneur, ce monument qui vous surprend si fort
　　Au destructeur de la patrie
　　Fut érigé pendant sa vie...
　　On fit l'histoire après sa mort.

IMBERT (BARTHÉLEMY), né à Nîmes en 1747, mort à Paris le 23 août 1790. Le recueil de ses *Fables nouvelles* date de 1773. Il s'essaya dans plusieurs autres genres ; il donna au théâtre une tragédie,

Marie de Brabant, et deux comédies en vers, le *Jaloux sans amour* et le *Jaloux malgré lui*. On connaît encore de cet auteur le *Jugement de Pâris*, poëme en quatre chants; des *Historiettes et Nouvelles* en vers; des *Bigarrures littéraires*; un *Choix de fabliaux* en vers; un roman, les *Égarements de l'amour*; les *Lectures du matin et du soir, ou Nouvelles historiettes* en prose. Tant de travaux ne l'empêchèrent pas de mourir dans un dénûment presque complet.

Le Pommier et le Myrte.

Un myrte verdoyant se moquait en hiver
D'un pommier, son voisin, flétri par la froidure :
  Te voilà beau, disait-il, sans verdure,
  Pâle, défait, nu comme un ver.
Regarde : autour de moi la nature est stérile,
Que dis-je, morte; eh bien, je vis sur son tombeau.
— Oui, répond le pommier, je te vois toujours beau,
  Toujours charmant, jamais utile.
Moi, j'enfante des fruits dans la saison fertile,
  Et j'épuise ma séve exprès
Pour les nourrir, car j'aime à les voir croître.
J'en suis malade ensuite, et j'en ai moins d'attraits;
Mais j'ai nourri ce que j'avais fait naître.

O mères! nourrissez l'enfant qui vous doit l'être,
  Fussiez-vous moins belles après.

L'Abeille.

Je te vois au hasard sans cesse voltiger,
  Disait une jeune glaneuse;
  Petite abeille, il est dans ce verger
  Plus d'une plante vénéneuse.
— Oui, mais mon art, dit l'abeille, est certain.
Je ne suis point un aveugle caprice;
Dès qu'une fleur m'entr'ouvre son calice,
J'en pompe le nectar, j'y laisse le venin.

Le Lion juge.

Un vieux lion se fit dévot,
Comme le diable un jour se fit ermite.
  Si sa cour le devint bientôt,
  Cela s'entend. La vertu favorite
Du courtisan, c'est l'art de passer dans autrui,
  Et de prendre en tout sa manière.
  Que le prince tousse aujourd'hui,
  Dès demain une cour entière
Va s'enrhumer, pour tousser avec lui :
Témoins les courtisans du lion de ma fable.
  On les voyait d'un air soumis, affable,
  Les yeux baissés, marcher à petits pas,
Prêchant la continence et l'humeur charitable,
Et querellant toujours les plaisirs d'ici-bas.
On n'arrivait au ciel qu'à travers mille peines;
Quelques ours d'un cilice enveloppaient leur peau,
  Et plus d'un loup, l'effroi de maint troupeau,
  Se distingua par des neuvaines.
  Y gagnait-on d'avoir changé?
  Je ne sais : mais, vice pour vice,
J'aime assez, quelque part qu'il se trouve logé,
  Que le scandale m'avertisse.
Cela dit en passant, revenons au lion.
A tous ses courtisans, Sa Majesté sauvage
  Ordonne un jour, jour de dévotion,
  Qu'on s'en aille en pèlerinage
  Sur le tombeau de l'un de ses aïeux,
  De son vivant toujours chaste et pieux,
  En un mot, un saint personnage.
  La cour s'en allait donc en tristes vêtements,
  En gros bourdon, en collerette,
Comme on voit s'avancer de pieux musulmans
  Vers le tombeau du saint prophète;
Lorsqu'un loup sur la route aperçut un mouton,
Qui loin de son berger trottait sur la verdure :
  Le pèlerin, moins dévot que glouton,
Ne pouvant de son ventre apaiser le murmure,
L'attrape, et vous l'étrangle. On l'arrête soudain,
  Lorsqu'il allait l'engloutir dans son sein;
Et comme un hérétique, un impie, un profane,
Monstre qu'on eût dû voir en naissant étouffé,
On le présente au roi, qui d'abord le condamne
A faire les honneurs d'un bel *auto-da-fé*.
Quoi! tuer, dit le prince, un jour de pénitence!
Manger un jour de jeûne! ô le monstre! à la mort!...
— Sire, ai-je dû m'attendre à pareille sentence,

Dit l'accusé, quel est mon tort?
Quand j'ai vu ce mouton, être fort inutile,
  Dans les États où vous donnez la loi,
  Aussitôt, pensant à mon roi,
J'avais, pour son souper, tué cet imbécile;
Il est encore entier. — Oh! oh! c'était pour moi?
— Oui, sire. — Hé! suspendez! holà! plus de supplices.
Il est bon patriote, et fidèle sujet :
De conseiller d'État qu'on lui donne un brevet,
  Pour payer ses heureux services.

Tels jugements sont communs aujourd'hui.
L'homme, à son équité lorsque rien ne s'oppose,
Sur le code reçu, juge fort bien autrui.
Voit-il son intérêt se mêler à la cause,
  Il se fait un code pour lui.

LA FERMIÈRE, auteur de *Fables et Contes* dédiés au grand-duc de toutes les Russies; Paris, 1775.

Le Paon et la Poule.

Un paon fort glorieux, ainsi qu'ils le sont tous,
Dans une basse-cour disait à la volaille :
Les hommes ont cru faire une belle trouvaille,
En disant des gens fiers qu'ils sont fiers comme nous.
Voyez ce coq, sortant vainqueur de la bataille,
Chanter, lever la crête et se battre les flancs.
Ce petit animal s'estime davantage,
Je le parierais bien, que le plus fier des paons :
Et c'est pourtant toujours à nous qu'on a la rage
  De comparer cette sorte de gens.
  — L'homme, en cela, me paraît assez sage,
  Dit une poule de bon sens.
Le coq est fier, de quoi? de son courage;
C'est la fierté qui convient aux héros :
  Mais être fier de son plumage,
C'est la fierté des paons, c'est-à-dire des sots.

MAUGENOT (l'abbé Louis), né à Paris en 1694, mort le 9 octobre 1768. Ses poésies ont été imprimées à Maestricht en 1776.

L'Abeille et l'Écolier.

La diligente abeille, au lever de l'aurore,
Caressait tour à tour la jonquille et le thym;
Quand un jeune écolier, en qui l'on cherche encore
Ce qui put le porter à ce coup inhumain,
  Froissa l'aile de la pécore
Et l'étendit sans force au pied d'un romarin.
  Hélas! un peu de patience
Eût, avec le soleil, ranimé ses esprits,
Ou l'une de ses sœurs, sensible à sa souffrance,
  L'eût, avant peu, reportée au logis.
  Mais l'indiscrète osa se plaindre;
  L'écolier s'en formalisa.
Tu murmures, dit-il, et crois te faire craindre;
Tu mourras. Aussitôt le cruel l'écrasa.

Ceci s'adresse à vous, petits qu'on tyrannise :
Dissimulez les maux que les grands vous ont faits.
  La plainte, hélas! la plus permise,
Excite les méchants à de nouveaux forfaits.

FAVART (Ch.-Sim.), auteur dramatique, né à Paris le 13 novembre 1710, mort le 12 mai 1792, a fait quelques fables que l'on ne trouve que dans les recueils périodiques du dix-huitième siècle.

Le Serin et le Moineau.

Dans les beaux jours de l'été
  Un petit moineau volage,
  Tout bouffi de vanité,
  Insultait à l'esclavage
  D'un serin né dans la cage.
  O charmante liberté!
Disait-il en son ramage,
  Au sein des airs je voyage,
  Je dors couvert d'un feuillage,
  Je folâtre sous l'ombrage,
  Là sur des grains je fourrage;
  Ici je trouve un rivage
  Où, sur un sable argenté,
  L'eau coule en sa pureté;
  J'y bois avec volupté.

Après ce grand étalage
Il va d'un autre côté.
Le serin, en oiseau sage,
Ne l'avait pas écouté.
L'hiver tout change de face ;
La beauté des cieux s'efface ;
Rien dans les champs, l'eau se glace ;
Aux oiseaux on fait la chasse :
Le moineau revint, enfin,
Transi, demi-mort de faim,
Prier qu'on lui donne place
Dans la cage du serin,
En tout temps pleine de grain.
Le serin à son tour le fronde,
Et lui dit avec équité :
Gentil moineau qui cours le monde,
Tu reviens bien gras de la ronde !
Vois par ce qu'il t'en a coûté
Qu'une liberté vagabonde
Vaut beaucoup moins, tout bien compté,
Qu'une douce captivité.

VILLEMAIN D'ABANCOURT (François-Jean), né à Paris le 22 juillet 1745, mort le 10 juin 1803, a publié un *Recueil de fables diverses*; Paris, 1792.

Le Colimaçon.

Clos et couvert dans sa maison,
Un colimaçon
Ne songeait qu'à vivre tranquille ;
D'un regard sec voyait autour de lui
Les malheureux manquer d'asile,
Et s'inquiétait peu de la peine d'autrui.
Dans l'oubli de l'insouciance
Il vécut ainsi quelque temps ;
Mais il ne tarda pas à voir tourner la chance.
Un beau matin qu'il cherchait sa pitance,
Il tomba sous la main d'un vieux Roger-Bontemps.
A sa vengeance aussitôt il le livre,
Et sous son pied
L'écrase sans pitié.
Qui ne vit que pour soi n'est pas digne de vivre.

SAINT-MARCEL (A.-P.-H. Tardieu de) a dédié des Fables nouvelles au comte d'Artois. Londres (Paris), 1778.

Le Lion.

Un lion jeune encor venait de succéder
Au plus sage des rois à qui la gent lionne
Chez elle eût vu porter couronne ;
Mais le nouveau monarque, au lieu de l'imiter,
Voulut qu'à l'avenir autour de sa personne
Un cortége nombreux parût avec splendeur,
Et que l'éclat dont brillerait son trône
Annonçât en tous lieux sa gloire et sa grandeur.
Mais que résulta-t-il de ce faste inutile ?
En créant des emplois nouveaux,
Il fallut doubler les impôts :
Au lieu de vingt moutons il en exigea mille,
Et lorsqu'en son cerveau ce monarque imbécile
Se rendait redoutable aux yeux de l'univers,
Ses États se changeaient en de vastes déserts.
Sa Majesté se vit réduite
A faire ses repas enfin
Des animaux qu'elle avait à sa suite ;
Puis un beau jour elle mourut de faim.

LEMONNIER (Guillaume-Antoine, l'abbé), littérateur, né à Saint-Sauveur-le-Vicomte en 1721, mourut le 4 avril 1797. On a de lui, outre quelques brochures littéraires et quelques pièces de théâtre, des traductions des comédies de Térence et des satires de Perse, ainsi que des fables, des contes et des épîtres.

Les Abricots.

Un homme était propriétaire
D'un assez grand jardin fruitier :
Fort beaux arbres en pleine terre,
Arbres fort beaux en espalier.
Au printemps chaque abricotier
Donne sa fleur ; puis le fruit noue,
Puis petit à petit

Il s'augmente et grossit.
Il vient un fort vent qui secoue
Tous les abricotiers : vous jugez que le fruit
Tombe à terre comme la grêle ;
Il en tombe au moins la moitié.
Notre homme se lamente à vous faire pitié.
Un vieux jardinier, qui se mêle
De raisonner (des vieilles gens
C'est là le plus grand des talents),
Lui dit : Pourquoi pleurer, mon maître ?
Ouvrons ces fruits tombés, et vous allez connaître
Que le coup de vent est heureux.
Voyez-vous, ils sont tous véreux ;
De l'arbre ils mangeaient la substance,
Et ne pouvaient venir à leur maturité.

C'est le vent de l'adversité
Qui fait des faux amis disparaître l'engeance.

Le Statuaire et son Ami.

Certain maladroit statuaire
(Car il en est, tous ne sont pas
Coustou, Pigal, Bouchardon, Phidias)
Avait fait un dieu du tonnerre
Si court, si court dans ses proportions,
Qu'on l'aurait pris pour le dieu des Lapons.
Un sage ami lui fit remarquer sa bévue.
L'imbécile, croyant corriger ce défaut,
Vous percha la statue
Sur un socle bien haut.
Tu croyais la grandir, la voilà plus petite,
Dit l'ami. Tu fais comme un roi
Qui, voulant illustrer un faquin sans mérite,
Lui donnerait un bon emploi.

NIVET DESBRIÈRES, a publié en 1777 un recueil de *Fables nouvelles*. Il était alors professeur de langues modernes à l'Université d'Orléans.

Le Singe et son Portrait.

Le singe un jour voyant dans un tableau
De l'homme une parfaite image,
Voilà, dit-il, un fort joli visage ;
Mais le mien est beaucoup plus beau.
Je dois sans doute avoir mille attraits en partage ;
Je suis un objet curieux,
Puisqu'en ville comme au village
Chacun avidement sur moi fixe les yeux.
Ajoutons l'art à la nature,
Empruntons un éclat nouveau.
A peine eut-il parlé, que, prenant un pinceau,
Un jeune chat se mit à tracer sa figure.
Le portrait par Grisgris habilement tiré,
De tous les connaisseurs fut sans doute admiré
Pour un chef-d'œuvre de peinture,
Et même en public fut montré ;
Chacun du peintre exaltant le génie,
Comme le singe était bouffi d'orgueil,
Tu crois, lui dit alors un petit écureuil,
Tu crois dans notre compagnie
En beauté n'avoir pas d'égal ;
Mais tu feras toujours le plus laid animal :
Plus on admire ta copie,
Plus on rit de l'original.

Pour la fatuité, dans le siècle où nous sommes,
Au singe l'on pourrait comparer bien des hommes.

L'ABBÉ DE REYRAC (François-Philippe de Laurens de), prédicateur, poëte et littérateur, était chanoine régulier de Chancelade, prieur-curé de Saint-Maclou à Orléans, censeur royal, correspondant de l'Académie des inscriptions et belles lettres, des Académies de Toulouse, de Bordeaux, de Caen, membre de la Société d'agriculture d'Orléans. Il était né au château de Longueville en Limousin, le 29 juillet 1734, et mourut à Orléans, le 21 décembre 1781. Il a inséré dans les Almanachs des Muses de 1775 à 1783 plusieurs fables qui ne sont pas sans intérêt.

Le Berger et son Troupeau.

Couché nonchalamment à l'ombre d'un ormeau,
Coridon négligeait le soin de son troupeau,
L'abandonnait, tandis qu'au bord d'une fontaine
Il chantait ses amours au son du chalumeau.

Cependant dom coursier fourrage dans la plaine ;
Messer Aliboron se roule dans l'aveine ;
Dame brebis, le bœuf, tous, suivant leur penchant,
Grugeaient, s'ébattaient... Gare ! arrive maître Jean,
    Fermier du champ.
  Point de quartier ; il frappe, assomme, tue.
  Sauve qui peut ; chacun fuit, s'évertue
De son mieux : le cheval, aussi prompt que le vent,
    Vole ; l'âne, peu diligent,
Pour la première fois court, échappe au martyre ;
Essoufflé le bœuf tombe, et la brebis expire
Sous les coups redoublés du barbare manant.
La brebis ! l'inhumain !... Arrête, misérable !
Disait-elle en mourant : eh ! pourquoi m'égorger ?
De tes blés ravagés suis-je donc coupable ?
Epargne le troupeau ; va punir le coupable :
    C'est le berger.

Le Chat voyageur.

  Rodillardus, chat un peu bête,
  Mais curieux, se mit un jour en tête
    De courir et de voir l'univers.
A voyager, dit-il, allons, passons ma vie.
Bravons les vents et franchissons les mers.
Dieux ! que n'ai-je eu plus tôt cette louable envie !
Je connaîtrais les chats de cent pays divers.
Qui veut s'instruire en grand doit quitter sa patrie :
Un matou casanier n'est souvent qu'un pervers.
Il dit, il part : c'était là sa folie.
  Elle fut courte, heureusement ;
Car notre pèlerin à peine eut pris la fuite,
Qu'enfants, chiens et valets furent à sa poursuite.
Bref, on lui fit partout si mauvais traitement,
    Et sur sa personne proscrite
Balais de tous côtés tombaient si lourdement,
    Qu'au logis il revint bien vite,
  Sourd, borgne, à jeun, se plaignant grandement,
Trop heureux mille fois de regagner son gîte.

    Combien ne voit-on pas de sots
    Tourmentés de même manie,
  Qui pensent qu'en courant les talents, le génie
    Vont éclore dans leurs cerveaux !
En galopant sans cesse et par monts et par vaux,
Que gagnent-ils ? parfois pauvreté, maladie ;
Pour l'esprit, néant. Quelle insigne folie
Et quel beau fruit de leurs travaux !
Ils ont couru la poste et payé des chevaux.

L'ABBÉ DE VOISENON (Claude-Henri de Fusée, abbé de) naquit au château de Voisenon près Melun le 8 juillet 1708 et mourut au même lieu le 22 octobre 1775. Ses œuvres complètes ont été publiées en 1781, 5 vol. in-8°. On n'y trouve que ces deux fables :

Le Ver luisant.

Un ver luisant dans le fond d'un jardin
    Jetait une faible lumière ;
Il éclairait pourtant une fourmilière
Qui l'admirait comme un être divin.
Enorgueilli de voir qu'on l'idolâtre,
    Bientôt traversant le jardin,
  Guidé par son audace vaine,
    Dans un salon voisin
    A grand'peine
    Il se traîne.
Là des lustres brillants, suspendus aux lambris,
    Offusquent les yeux éblouis.
Il se remet pourtant, ose lever la tête ;
    Mais c'est là que sa mort s'apprête.
Du phosphore rampant l'éclat a disparu.
En vain il dresse et la queue et la tête ;
L'insecte est écrasé sans même être aperçu.

  Que de gens d'un mérite mince,
  Vantés, prônés dans leur pays,
  Quittent tous les jours leur province
Pour essuyer même sort à Paris !

La bonne Opinion.

Le souverain des dieux, aux premiers ans du monde,
Pour rendre les mortels fortunés et contents,
    Produisit d'une main féconde
    Et les vertus et les talents.

Pour les avoir, chacun court ou se presse.
Le savoir, le bon sens, l'esprit et la finesse
Des premiers arrivés furent bientôt la part.
Tous les autres humains vinrent un peu plus tard :
Il ne restait plus rien ; mais pour les satisfaire,
Jupiter leur donna la bonne opinion.
Tous se crurent parfaits, tous crurent savoir plaire.
    Cette heureuse présomption
    Les dédommagea du contraire.

FLINS DES OLIVIERS (Claude-Marie-Emmanuel Carbon de), né à Reims en 1757, mort en 1800, a fait paraître à Paris, en 1782, des poëmes et des discours en vers.

L'Opinion des hommes.

Un pauvre homme touchait à son heure dernière ;
    Son médecin l'abandonnait :
Il voulut consulter une antique sorcière,
Et courut au sabbat comme on court au banquet.
  Mon fils, lui dit une voix de mystère
    La vieille au ton doux et discret,
J'ai dans cette liqueur enfermé mon secret ;
Je vais vous le donner, et non pas vous la vendre.
Par un arrêt du sort que je ne comprends point,
Il faut, pour vous guérir, la verser sur la cendre
D'un homme qui fut sage et fut juste en tout point.
Allez. Il obéit. Tout mourant est crédule.
Il alla dans ces lieux où la mort accumule
Les tombeaux des humains, ces vains monuments
Qui gardent notre orgueil avec nos ossements.
Par un naissant espoir son âme est consolée.
Le premier des objets qui s'offre à ses regards
    Est un superbe mausolée,
Où la patrie en deuil et les cheveux épars,
Se penchait tristement vers la tombe entr'ouverte,
    Et soutenait l'urne couverte
    Des attributs de tous les arts.
Dans l'or était gravé cet éloge fidèle :
Passant, sur ce tombeau jette au moins une fleur ;
Des meilleurs citoyens ici gît le modèle ;
Pour la religion il signala son zèle ;
Il fut l'ami du pauvre et fut son défenseur.
Si près de ses regards le destin t'a fait naître,
    Sans doute il fut ton bienfaiteur :
  Il l'eût été du moins, s'il eût pu te connaître.
— Eh bien, dit le mourant, voilà tout son humeur,
Puisque de m'obliger il avait tant d'envie ;
Ses mânes généreux sont touchés de mon sort ;
Il n'a pu me servir dans le cours de sa vie,
    Il va le faire après sa mort.
Le vase est à ces mots répandu sur la tombe.
Tant mieux ! me direz-vous, le mourant va guérir.
 — Non, sous des maux plus grands le malheureux succombe,
    Il est près de s'évanouir.
Retirons-nous, dit-il, ce n'est pas là notre homme ;
Il faut se méfier de ces gens qu'on renomme :
Cherchons ailleurs. Partout des éloges pompeux ;
Là c'est la bonne foi d'un avocat fameux ;
Ici c'était l'honneur d'un marchand scrupuleux.
Etait-ce un guerrier ? il fut brave ;
Un moine ? il fut modeste ; un prêtre ? il fut pieux.
Qu'importe à mon malade ? O loi dure et bizarre !
Tour à tour il s'arrête à chaque monument.
Il n'en reçoit, hélas ! aucun soulagement.
Malheureux ! disait-il, combien un juste est rare !
Allons revoir ma femme, et mourir dans mon lit.
Il part. Heureusement près d'un tombeau superbe
Un tombeau sans honneur était caché sous l'herbe :
    Il le heurte, tombe et pâlit.
Heureusement encor sa bouteille brisée,
Du précieux nectar n'était pas épuisée :
Le gazon desséché le boit avidement...
    Quel miracle et quel changement !
Son poumon sans effort reçoit l'air qu'il respire ;
    Son sang coule plus librement ;
Et s'il soupire encor, c'est d'aise qu'il soupire.
Un homme en ce moment passa sur le chemin
  (C'était un président ou bien un échevin) :
    Qui que tu sois, cria d'une voix raffermie
Le mourant de tantôt, plein de force et de vie,
    Dis-moi quel est l'homme de bien
    Dont j'embrasse la cendre amie.
L'autre lui répondit : Lui ! c'était un vaurien :

Il ne plaida qu'un jour, mais il perdit sa cause.
Embrassant comme un fou tout système nouveau,
  Il fut suspect au ministère.
Des biens de ses aïeux dépouillé par son père,
Il s'en fallut bien peu qu'il ne fût du tombeau
  Déshérité comme Voltaire.
Le malade se tut; mais il dit à part soi :
Dis ce que tu voudras, on en sait plus que toi.
Il vint alors chez moi me conter son affaire;
  Et, depuis ces heureux moments,
Il vit avec dédain ces tombes consacrées
  Par la sottise des vivants :
Mais il couvrait de fleurs les tombes ignorées,
  Et les cendres sans monuments.

FEUTRY (Amédée-Ambroise-Joseph), né à Lille en 1720, mort en 1789. Avocat au parlement de Douai, il se délassait de la chicane par l'étude des lettres. Il a laissé plusieurs poëmes, une traduction de Robinson Crusoë; un supplément à l'Art du serrurier, traduit du hollandais, de Jean de Botterman, et trois gros volumes d'opuscules poétiques et philologiques.

Le Socle et la Statue.

  Oses-tu t'égaler à moi!
Disait au socle une fière statue.
  Je porte mon front dans la nue,
  Et je pose le pied sur toi,
Encore trop heureux qu'un jour je ne t'écrase!
  — Plus de douceur et moins d'emphase :
  Il te sied bien de m'insulter,
  Être faible, injuste et superbe!
  Si je cessais de te porter,
  Je te verrais bientôt sous l'herbe.

BOUFFLERS (le chev. Stan.-J. de), poëte, membre de l'Institut et des Académies de Berlin, de Dijon, de Nancy, etc., né en 1737, mort à Paris, le 18 janvier 1816.

Les deux Pinsons.

Certain petit pinson, né natif de sa cage,
  Du mieux qu'il pouvait consolait
Un de ses pareils, d'un autre âge,
Que l'on avait pris au filet,
Et logé depuis peu sous le même grillage.
Mon père, je vous plains, disait le jeune oiseau,
Mais de tant de regrets je ne vois pas la cause :
  Manque-t-il ici quelque chose?
Ne nous donne-t-on pas notre millet, notre eau,
Et le matin du sucre, et le soir du gâteau?
  La fille du logis nous aime,
  On en juge à ses petits soins;
  Essayez de l'aimer de même,
  Alors qu'on aime on souffre moins.
Je sais, moi, qu'elle ne désire
Rien tant qu'adoucir votre ennui :
Elle vous parle, parlez-lui.
  De nos maux la crainte est le pire;
Toute fille a d'ailleurs un ramage si doux,
Qu'on la prendrait pour un de nous,
Et c'est comme une sœur à qui l'on peut tout dire.
Celle-ci prend soin de m'instruire,
Et, grâce à ses leçons, sans avoir voyagé,
Vous n'imaginez pas la science que j'ai.
Dès que j'ai sur mes flancs senti battre mes ailes,
  Voilà que le désir me prend
De fuir vers ces forêts que vous dites si belles,
Et qui doivent prêter leurs ombres maternelles
A mille et mille oiseaux dont je me crois parent.
Je fis ma confidence à ma seconde mère,
  Qui me répondit en pleurant :
Pauvre petit ami! quoi! vous prétendez faire
Dans les airs le métier de chevalier errant?
— Je sens, lui dis-je, en moi quelque chose de grand
Qui n'annonce rien moins qu'un pinson ordinaire;
Je veux tenter fortune, et m'abandonne au sort.
Des pinsons mes aïeux je veux voir la patrie :
On se plaît au berceau de ceux de qui l'on sort.
  — Pauvre petit ami! dit encor mon amie,
  Vous allez en terre ennemie,
  Hélas! pour y trouver la mort.
Connaissez mieux les bois; la paix en est bannie :
Le plus fort y domine, et le plus faible a tort;
Et que peut espérer un pinson, je vous prie,
  Dans le domaine du plus fort?
Ces discours, j'en rougis, ont vaincu mon courage,
  Et j'ai fait, non sans quelque effort,
  Vœu de clôture dans ma cage.
En effet, dans nos bois on ne vit qu'à demi;
Là, jamais de vos ans la trame n'est complète,
Et la race pinsonne, à l'escrime peu faite,
A toute heure y rencontre un nouvel ennemi.
Vers minuit sous la feuille êtes-vous endormi,
  Gare le chat-huant, gare la belette!
Au lever du soleil, l'oiseleur a son tour :
Si vous vous éloignez du piège qu'il vous dresse,
Au chasseur échappé, vous trouvez le vautour...
Toujours fuir! A ce prix la vie est par trop chère.
Mais c'est peu du péril auprès de la misère :
  Tantôt la soif, tantôt la faim;
Point d'eau dans les chaleurs, en hiver point de grain;
  Et puis le grand air est mal sain,
  A ce que dit mademoiselle.
On change de climat du soir au lendemain;
Samedi l'on brûlait, et dimanche l'on gèle...
Dites si l'on m'a fait un rapport infidèle;
  Et croyez-vous, d'après cela,
  Qu'on soit plus mal ici que là?
Mais vous restez muet : répondez donc, mon maître.
— Ami, dit le captif encor plus attristé,
  Sois heureux, puisque tu peux l'être
  Dans la prison qui t'a vu naître,
  Moi j'ai connu la liberté.

DIDOT (P.), fils d'Ambroise, né à Paris en janvier 1761, a publié : *Essai de fables nouvelles*, par Didot fils aîné. Paris, 1786.

Le Moineau paré des plumes du serin.

  Jadis un geai dans La Fontaine
  Des plumes du paon se para.
  Depuis, un moineau s'empara
D'un plumage étranger : ce ne fut point sans peine.
  Parmi plusieurs oiseaux divers
  Qui partageaient son esclavage,
  Le serin par son beau plumage
Le frappa plus encor que par ses doux concerts.
  La vanité, la mère des prodiges,
  A sa toilette présida;
  Et cette enchanteresse-là
Parmi nous, comme on sait, fait de plus grands prestiges :
  Bref, il ne fut point reconnu.
  De tous les autres bienvenu,
  Pour serin il passa lui-même.
C'était bien jusque-là; mais dans sa joie extrême,
  Fier de se voir si bien vêtu,
Il se mit à chanter; et son triste ramage
Laissa voir qu'il n'avait pour lui que le plumage.

On reconnaît toujours un nouveau parvenu.

RICHAUD-MARTELLI (N.), né en 1751. D'abord avocat, il quitta le barreau pour la scène et brilla sur les théâtres de Lyon, de Bordeaux et de Marseille. Il mourut dans cette ville en 1817. On a de lui un recueil de fables sous le titre de *Fables nouvelles*, Bordeaux, 1788, in-12; les *Deux Figaros*, comédie en cinq actes, Paris, 1799, in-8° (cette pièce est restée au répertoire du Théâtre-Français, où elle reparaît de loin en loin); l'*Intrigant dupé par lui-même*, comédie en quatre actes, 1802, in-8°.

Le Torrent et le Ruisseau.

Un torrent furieux, dans sa course rapide,
  Insultait un ruisseau timide
  Dont l'onde arrosait un verger.
Va, lui dit le ruisseau, sois fier de l'avantage
D'offrir à chaque pas quelque nouveau danger.
Je serais bien fâché d'avoir pour mon partage
  L'honneur cruel que tu poursuis :
  Tu t'annonces par le ravage,
  Moi par les biens que je produis.

Le Lynx et la Taupe.

Une taupe à tâtons cherchait sa nourriture;
Le lynx qui l'aperçut s'attendrit sur son sort.
  Hélas! dit-il, la pauvre créature
  A chaque instant doit désirer la mort.

La taupe à répliquer ne mit pas grande étude :
Sur mon sort, lui dit-elle, il faut moins t'affliger;
Tu frémis mille fois à l'aspect du danger,
Je ne l'aperçois pas, j'ai moins d'inquiétude.

PEZAY (Alexandre-Frédéric-Jacques Masson, marquis de), littérateur, naquit à Versailles en 1741, et mourut dans sa terre de Pezay, près de Blois, en 1777. Son goût pour les vers ne l'empêcha pas d'obtenir des succès dans la carrière militaire et administrative. On créa exprès pour lui une place d'inspecteur général des côtes. On a recueilli ses poésies sous le titre d'*Œuvres agréables et morales* ou *Variétés littéraires*, Liége, 1791, 2 vol. in-16.

La Colombe et l'Enfant.

Un enfant, son arc à la main,
Se promenait dans un bocage.
Une colombe au blanc plumage
Roucoulait ses amours sur un arbre voisin.
Il entend l'oiseau solitaire;
Il le voit : son arc est tendu.
La flèche part, et sur la terre
L'oiseau mourant tombe étendu.
Le vainqueur enchanté s'élance;
De joie il trépigne, il bondit,
Et barbare par ignorance,
De loin à sa proie il sourit.
Plus près de sa victime il allait la surprendre,
Quand il l'entendit soupirer.
Alors il vit le sang qu'il venait de répandre,
Et se mit lui-même à pleurer.

Toi qui vas décochant les traits de la satire,
Toi qui te fais un jeu de blesser tant de cœurs,
Approche de plus près ceux que ta main déchire,
Et le bon mot qui t'a fait rire
Te coûtera souvent des pleurs.

LE CHIEN ET LE LAPIN (Napoléon Bonaparte).
Que votre illustre seigneurie
Veuille me pardonner, puisqu'il me faut mourir,
Si j'ose tenter de m'enfuir.

BONAPARTE (Napoléon) composa la fable suivante pendant son séjour à l'École militaire de Brienne. Il y était entré au mois d'avril 1779 à l'âge de neuf ans cinq mois et cinq jours, et il y passa cinq ans sept mois et vingt-sept jours. Une note rédigée par le chevalier de Kéralio, inspecteur des écoles militaires, décida de l'admission du jeune Bonaparte à l'École militaire de Paris, le 17 octobre 1784. Cette note portait : Monsieur de Bonaparte (Napoléon), né le 15 août 1769, taille de quatre pieds dix pouces dix lignes, a fait sa quatrième; de bonne constitution, santé excellente, caractère soumis, honnête et reconnaissant; conduite très-régulière; s'est toujours distingué par son application aux mathématiques; il sait très-passablement son histoire et sa géographie; il est assez faible dans les exercices d'agrément et pour le latin, où il n'a fait que sa quatrième. Ce sera un excellent marin; mérite de passer à l'École de Paris. Le manuscrit de la fable que nous publions est entre les mains d'un honorable habitant de Brienne. Elle a paru pour la première fois dans le *Journal des villes et des campagnes*, numéro du samedi 8 février 1851.

Le Chien et le Lapin.

César, chien d'arrêt renommé,
Mais trop enflé de son mérite,
Tenait arrêté dans son gîte
Un malheureux lapin de peur inanimé.
Rends-toi, lui cria-t-il d'une voix de tonnerre,
Qui fit au loin trembler les habitants des bois.
Je suis César connu par ses exploits,
Et dont le nom remplit toute la terre.
A ce grand nom, Jeannot Lapin
Recommandant à Dieu son âme pénitente,
Demande d'une voix tremblante :
— Très-sérénissime mâtin,
Si je me rends, quel sera mon destin?
— Tu mourras. — Je mourrai! dit la bête innocente.
Et si je fuis? — Ton trépas est certain.
— Quoi! reprit l'animal qui se nourrit de thym,
Des deux côtés je dois perdre la vie!
Que votre illustre seigneurie
Veuille me pardonner, puisqu'il me faut mourir,
Si j'ose tenter de m'enfuir.
Il dit, et fuit en héros de garenne.
Caton l'aurait blâmé; je dis qu'il n'eut pas tort,
Car le chasseur le voit à peine,
Qu'il l'ajuste, le tire... et le chien tombe mort.
Que dirait de ceci notre bon La Fontaine?
Aide-toi, le ciel t'aidera.
J'approuve fort cette morale-là.

CALVIÈRE (le marquis de) a publié : *Recueil de fables diverses*, par M***. Paris, 1792, tiré à cinquante exemplaires seulement.

L'Aigle, le Merle et le Pinson.

Un aigle, fatigué de couver dans son aire,
S'avisa d'inviter un jour
Les chantres ailés d'alentour,
Pour essayer de se distraire.
Le rossignol se présenta.
On loua sa voix, il chanta
Sans se mêler d'aucune affaire;
Et la linotte sa commère,
En peu de mots qu'elle ajusta,
Offrit ses soins et sut se taire.
Le merle, le pinson parurent à leur tour
(Il faut de tout dans sa cour).
Le merle d'un ton de surprise,
Dit : Avec certains mets qu'en ce coin j'aperçois,
Dont l'odorat se formalise,
Ni mon camarade ni moi
Nous ne ferions pas chère exquise.
Ce mot ne tomba point; on nota la sottise,
Et chacun retourna chez soi.
Le pinson, tête sans cervelle,
Dit au sortir, affectant un air fin :
Ah! nous l'avons échappé belle;
Mais il faut par bonheur être ou chevreuil ou daim
Pour aiguiser la grosse faim
De notre majesté femelle.
Quelqu'un redit ce propos :
Tout sert pour qui cherche à nuire,
Et les grands qu'on veut séduire
Trouvent partout des échos.
Il n'est sur leur tarif nulle légère offense;
Hors chez ceux qu'aux dieux même égale la clémence :
Aussi vit-on bientôt après
Les plumes des deux indiscrets
Sous les serres de l'aigle annoncer la vengeance.

Vivre près des rois est un sort
Dangereux pour le sot, fâcheux pour le sincère;
Y voir trop clair est même un tort,
Et l'on doit être, pour leur plaire,
Aveugle quand on entre et muet quand on sort,

MANCINI (Nivernais). Louis-Jules Mazarini, duc de Nivernais et d'Onziais, né à Paris le 16 décembre 1716, mort le 15 février 1798. Ses fables parurent à Paris en 1796.

Le Corbeau et la Bécasse.

Entouré de petits oiseaux,
Certain corbeau bavard de sa nature
  Leur disait la bonne aventure,
  Annonçant des biens et des maux
  A peu près en même mesure :
D'abord grains à foison et riante verdure;
Et puis heureux amours, beaux petits bien éclos;
  Et puis tempête, vent, froidure;
  Et puis lacets, et tonnelle et gluaux.
  Comme il disait sa râtelée,
  A quatre pas de l'assemblée
  Une bécasse se posa.
  Maître corbeau se proposa
Pour exercer près d'elle son office;
  Mais la bécasse refusa.
Je n'ai besoin, dit-elle, d'auspice
  Ni de devin. J'ai voyagé,
  J'ai vu de tout, et j'ai jugé
Qu'il n'est besoin d'aucun grimoire
  Pour être au fait de l'avenir;
  Il suffit de nous souvenir
  Chacun de notre propre histoire :
  Quand j'aurai perdu la mémoire,
J'aurai recours à vous, seigneur corbeau.
En attendant gardez votre science;
  Il me suffit de mon expérience.
  L'avenir avec son tableau
  Ne m'offrirait rien de nouveau;
  Car je crois dans ma conscience
Qu'il ressemble au passé comme deux gouttes d'eau.

  Qui sait les fournir d'instruments.
Ils élevaient de vastes bâtiments,
  Et même on tient pour chose sûre
Qu'en ce logis artistement voûté
Il ne manquait nulle commodité :
Il s'y trouvait, à ce qu'on nous assure,
  Garde-robes de propreté,
  Tapis de mousse et de verdure,
  Magasins pour la nourriture,
Balcons pour prendre l'air, et bains pour la santé.
Je le veux croire ; et certes c'est dommage
  Qu'aujourd'hui d'un si bel ouvrage
  Nous ne puissions être témoins.
Mais un autre animal, celui-là qui se pique
  D'être le but, l'objet unique
  Du Créateur et de ses soins,
  Cet animal injuste et tyrannique
  Qui, se forgeant de faux besoins,
  Leur immole en despote inique
  Tout ce qui tombe sous sa main,
  L'homme parut; et dès le lendemain
  Il prétendit sur la gent amphibie
  Exercer un pouvoir hautain.
  Qu'arriva-t-il? la colonie
  Se dispersa; plus de patrie,
  Plus de travaux, ni de société;
Chaque castor s'enfuit de son côté;
  Et l'homme apprit que l'industrie
  Est fille de la liberté.

L'AIGLE ET LE LIMAÇON (Formage).
Comment à ce haut poste, oubliant ta nature,
As-tu pu t'élever? dit l'oiseau. — J'ai rampé.

Les Castors.

Je trouve sur mon agenda
Qu'autrefois dans le Canada
En maints domaines aquatiques,
Florissaient maintes républiques,
Non pas d'hommes, mais d'animaux
Admirables dans leurs travaux.
Guidés par la seule nature,

L'ASTRONOME ET LE MENDIANT (Jullien).
Qu'allez-vous faire dans les cieux?
Les malheureux sont sur la terre.

ROBERT (E.-P.-F.), né en 1763 à Gemmée, mort à Bruxelles en 1826, était marchand épicier à Paris quand la révolution éclata. Il en épousa les principes et fut élu député de Paris à la Convention nationale; mais après la dissolution de cette assemblée il rentra dans l'obscurité. Entre autres ouvrages, on a de lui des fables nouvelles publiées en l'an VI.

L'Horloge et le Cadran solaire.

Sur le fronton d'un temple, à tous les yeux, de loin
Une horloge orgueilleuse étalait sa figure.
Au milieu du parvis, dans une humble posture,
  Un cadran solaire avait soin,
Aussitôt que Phœbus éclairait sa demeure,
  De dire aux gens : Il est telle heure.

Un jour que le ciel trop couvert
Du modeste cadran empêchait le service,
L'horloge lui cria : Pauvre diable ! à quoi sert
   Que tu te charges d'un office
Que tu ne peux remplir sans lacune, en tout temps,
   Et que suspendent le caprice
   Et l'instabilité des vents?
   Vois ce que font tous ces passants :
Chaque fois que ton ombre à leurs vœux est muette,
Ils s'adressent à moi qui, fidèle interprète,
   Les contente à tous les instants.
   De mes bras que guide un beau zèle,
Et des sons de ma voix aussi forte que belle,
Aux oreilles, aux yeux, soit de nuit, soit de jour,
   Je compte, comme par magie,
   Toutes les heures de la vie,
   Et surtout celles de l'amour.
   Mais, mon ami, que je suis bonne
   De me comparer avec toi!
Je dois faire du temps un plus utile emploi;
   Tu ne dis rien, moi je résonne.
   Alors dans l'air on entendit
Frapper deux coups. Mais qui fut interdit?
   A travers un léger nuage,
   Tandis que l'horloge parlait
   A ses rayons ouvrant passage,
   Le dieu du jour les rassemblait
   Sur le cadran discret et sage :
   A sa surface un se marqua.
Aussitôt pour répondre au caquet de l'horloge,
   En ces mots il lui répliqua :
   — O machine! malgré l'éloge
Que toi-même tu fais de ta voix, de tes bras,
   Tu n'as pas lieu d'être si fière;
   Le sage t'apprécie et te sait mensongère,
Le plus souvent l'erreur accompagne tes pas,
Au lieu que mes décrets, dont on n'appelle pas,
   Sont tous le fruit de la lumière.
D'ailleurs la vérité s'annonce sans fracas.
Rassure-toi pourtant; ton sort n'est pas si triste :
   Tu fais ton rôle, moi le mien.
   Tu figures le journaliste;
   Je figure l'historien.

BILLARDON DE SAUVIGNY (L.-EDME), né dans le diocèse d'Auxerre vers 1730; mort en 1809. On lui doit un *Recueil d'apologues et de faits historiques* mis en vers.

Le Loup, la Cigogne et le Léopard.

Dans un pays connu par son charbon de terre,
Son ciel triste et son spleen, c'était en Angleterre,
   On contait à lord Léopard
L'aventure du loup que sa gloutonnerie
   Avait réduit à l'agonie.
La cigogne au long cou passe là par hasard.
Il se débat; la mort se peint dans son regard.
Sur le sort du glouton l'innocente attendrie
Aussitôt dans sa gueule, entr'ouverte et meurtrie,
Plonge un bec effilé, lui tire du gosier
Un os qui l'étranglait. L'animal carnassier
Se sentant soulagé, voulut bien pour salaire
   La renvoyer
   Sans l'étrangler.
Le lord à ce récit s'indigne, entre en colère,
   Et dit : Ah! goddem! pour le coup
   Le loup
N'est qu'un sot avec sa vergogne;
Moi j'aurais mangé la cigogne.

MUGNEROT n'a publié que quelques vers épars dans les recueils du temps.

Le Papier, l'Encre, la Plume et le Canif.

Certain disciple d'Uranie,
D'un manuscrit dont il était l'auteur,
Se promettait pour lui gloire infinie,
Et grand profit pour son lecteur.
L'homme en son livre allait apprendre
A corriger ses mœurs, à mieux régler ses vœux :
Il y donnait enfin, à qui saurait l'entendre,
   Le beau secret de vivre heureux.
Un soir que de cette chimère
Sa vanité s'entretenait tout bas,

Un bruit soudain vint le distraire,
Et le voilà témoin auriculaire
   Du plus étrange des débats.
Les querelleurs étaient la plume,
Le papier, l'encre et le canif.
   Tous quatre, du ton le plus vif,
Se disputaient l'honneur de l'éloquent volume.
   Sans moi, s'écriait le papier,
N'en doutez pas, le plan de cette œuvre immortelle
   Serait encor dans la cervelle
   Du grave auteur qui va la publier.
   — Fort bien, mon très-blême compère,
   Répondait l'encre avec aigreur;
Dis-moi pourtant, et sois sincère,
Dis ce que de ta peau l'écrivain eût pu faire,
   Sans le beau noir de ma couleur.
   — Comme chacun de vous parle à son avantage!
Que vous l'entendez bien! ajoutait à l'instant
La plume, comme on sait, sujette au bavardage.
J'admire votre ton : sans mon bec, cependant,
Seriez-vous l'un et l'autre ici du moindre usage?
   — Oh! oh! le propos est plaisant !
Dit enfin le canif; et te voilà bien vaine !
A qui dois-tu ce bec que tu nous vantes tant?
   Il était clos, qu'il t'en souvienne,
Et le serait encor sans mon acier tranchant.
Là, de leur part cessa toute apostrophe;
   Et, grâces à leur vanité,
Dans cette affaire-ci, monsieur le philosophe
   Pour rien fut à peu près compté.
Qu'on ne s'étonne point de leur folle jactance;
   C'est celle de beaucoup de gens,
Qui, bien que mis en œuvre en chose d'importance,
   N'en sont pas moins, malgré leur suffisance,
   De mécaniques instruments.

LANOS (J.-B.) a publié des fables, des contes et esquisses de caractères. Paris, an IV.

L'Oie.

Un jour les animaux entre eux font une fête
Où sans distinction on admet toute bête.
Une oie alors se dit : Je ne danse pas mal,
   Et je serai du bal;
   Mais ce qui m'inquiète
   C'est le déguisement
   Prescrit absolument.
   A quoi bon ce mystère
Quand on a de quoi plaire?
   Puisqu'il le faut pourtant,
Choisissons un masque contraire
   A mon vrai caractère.
   Ah! je l'ai trouvé ! bon :
   Fort bien. Oui, je préfère
   Le masque du dindon.
   Voilà bientôt mon oie
   Qui ses grâces déploie.
Il lui coûta très peu de paraître glouton;
Elle prend à ravir des glouglous de bon ton.
Mais bientôt son talent échoue,
Car désirant faire la roue,
Elle s'y prend si gauchement
Que déjà d'elle l'on se joue.
Ce fut bien pis lorsque, croyant
   Victorieusement
   Sortir de cette affaire,
   Elle répète à tout venant
Les contes si malins qu'elle tient de sa mère.
On la reconnaît aussitôt.
On la hue. Elle veut parler du Capitole.
Au bal, de la fierté! Peut-on être plus folle?
On la chasse. Elle fuit, sans danser, d'un seul saut.

Une cruche voudrait en vain se contrefaire
Et ne pourrait au plus imiter que le pot.
Un sot qui fait la bête avec dessein de plaire,
   Hélas! est deux fois sot.

DEVILLE (J.-B.-S.), du département de la Somme, a publié quelques *Fables*. Paris, an VIII.

Le Ver luisant et le Crapaud.

Un ver luisant faisait sur le gazon
Briller un soir sa lueur phosphorique;

Un crapaud l'aperçoit et lance son poison
    Sur cet insecte pacifique.
Je n'ai jamais commis de mal,
Lui dit le ver à son heure dernière.
— Eh quoi, reprit le hideux animal,
    Ne répands-tu pas la lumière?

FULVY (PHILIBERT-LOUIS ORRY, marquis de), né le 4 février 1736, mort à Londres le 18 janvier 1823, a fait paraître des *Fables* à Madrid, en 1798.

La Ciguë et l'Épée.

Certaine épée au bois perdue
    (Je ne sais de quelle façon),
    Près d'une plante de ciguë
    S'écriait : Où me laisse-t-on?
Eh quoi, j'ai pour voisine une herbe empoisonnée
Qui, sans honneur ici, n'y produit que des maux,
Moi, compagne de Mars et toujours destinée
A cueillir des lauriers, à servir des héros !
    — Ne sois donc pas si glorieuse,
    Dit l'autre, ton sort est le mien.
Tu fais suivant ton guide ou du mal ou du bien.
Plus d'une cure merveilleuse
Dans les mains du savoir a célébré mon nom,
    Et tu n'es qu'une arme odieuse
    Dans les mains de la trahison.

HAUMONT (JEAN-FRANÇOIS), capitaine invalide, a publié des *Fables* en l'an IX, à Paris.

La Poule et la Tourterelle.

Que vous êtes heureuse, aimable tourterelle !
Votre mari vous est toujours fidèle
    Et moi je ne puis y songer,
Pauvre poule ! je suis réduite à partager
    Avec beaucoup d'autres compagnes,
    Habitantes des campagnes,
    Les faveurs d'un coq très-léger,
Qui se faisant valoir ne fait que voltiger;
Qui me néglige, hélas! pour les moindres poulettes.
La plaintive répond : — Ah! je vois que vous êtes,
    Ma chère, dans l'erreur,
    Sur mon prétendu bonheur.
J'ai, moi seule, un époux, oui, la chose est certaine ;
    Mais seule aussi je supporte la peine,
    Les caprices, l'humeur et les mauvais propos,
D'un méchant qui me bat, souvent mal à propos.
De la félicité l'apparence est trompeuse,
Contentons-nous du sort que nous fit le destin.
    Celle que l'on croit très-heureuse,
    Est souvent livrée au chagrin.

FORMAGE (J.-CH.-Cés.) naquit à Coupe-Sarte près Lisieux le 16 septembre 1749, il mourut à Rouen le 11 septembre 1808. On a de lui des fables mises en vers, 1801, 2 vol. in-8°. Il avait été professeur de troisième à Rouen en 1779, puis professeur de langues anciennes à l'école centrale, et enfin au lycée de Rouen.

L'Amandier et le Poirier.

Un amandier couvert de fleurs
Se moquait d'un poirier, dont les bourgeons timides,
    Craignant encor des frimas destructeurs
    Les attaques perfides,
N'osaient ouvrir leur sein aux premières chaleurs.
Bientôt l'événement justifia leurs craintes;
    L'aquilon revint sur ses pas,
    Et par de traîtreuses atteintes
Ravit à l'amandier les précoces appas.
Son voisin, plus tardif, n'éprouva nul dommage,
    Et d'une attente sage
    Eut lieu de s'applaudir.
Talents prématurés ont un destin semblable
Au sort de l'amandier que je peins dans ma fable.
En sa saison tout fruit doit se cueillir.

L'Aigle et le Limaçon.

Sur la cime d'un arbre un limaçon grimpé
Fut par un aigle aperçu d'aventure.
Comment à ce haut poste, oubliant ta nature,
As-tu pu t'élever? dit l'oiseau — J'ai rampé.
    Combien dans le siècle où nous sommes,
    De limaçons parmi les hommes!

LEMONTEY (PIERRE-EDOUARD), né à Lyon le 14 janvier 1762, fut successivement avocat, procureur de la commune de Lyon, député du Rhône à l'Assemblée législative, membre du conseil des droits réunis, et censeur impérial. Il était aussi membre de l'Académie française. Son ouvrage le plus connu est l'*Histoire de la régence et de la minorité de Louis XV*. Lemontey est mort à Paris le 26 juin 1826.

Le Singe au bal.

Buffon avait un singe, un grave orang-outang,
    Qui d'un valet faisait l'office,
Et qui, sur ses deux pieds sans peine se tenant,
    Avait la taille et le flegme d'un suisse.
    Pour s'amuser, un jour de carnaval
    L'historien de la nature
    Au bal de l'Opéra conduisit l'animal
    Dans une décente parure.
De taffetas jonquille un ample domino,
Les gants, les brodequins, le masque de Venise,
    De pied en cap déguisaient le Pungo,
Et des plus clairvoyants préparaient la méprise.
    Buffon arrive avec son Africain ;
    Un Savoyard leur aide à sortir de voiture;
Et tous deux introduits vont chercher aventure.
    Nul ne remarque l'écrivain ;
Mais du grand singe il n'en est pas de même :
On le voit dans la foule aller d'un pas égal,
    Et d'une indifférence extrême
    Contempler tous les fous du bal.
    Sa majesté fière et tranquille,
    Je ne sais quoi de neuf, d'original,
Attirent tous les yeux sur le masque jonquille.
Dès qu'on est remarqué chez nous on est charmant.
    Pour le Pungo chacun se passionne,
    Le lutine et le questionne.
    Autre sujet d'étonnement;
    Lui répond à personne.
C'est un prince étranger, dit l'un. — C'est un docteur,
Dit l'autre. — Un évêque. — Oui. — Peut-être un grand d'Espagne.
    — C'est au moins un ambassadeur.
La foule avec transport l'admire, l'accompagne,
Et tous voudraient lui plaire. Dans la main
    Un masque en passant lui glisse
    La demeure d'un médecin
    Et le billet doux d'une actrice.
Enfin de l'assemblée il fait seul l'entretien ;
    Pour l'orchestre on n'a plus d'oreilles,
    Tant on s'épuise à dire des merveilles
    Du grand homme qui ne dit rien.
    Te voilà bien, peuple fantasque !
S'écrie alors Buffon du singe ôtant le masque ;
    Tu dédaignes le vrai talent,
Et tu veux que l'objet de ton culte imprudent
Reçoive tout son prix de tête légère ;
Aussi rien n'est plus propre à faire un important
    Qu'une bête qui peut se taire.

DOURNEAU, curé à Saint-Dizier, auteur d'une épître et de deux poëmes, a aussi inséré quelques poésies dans l'*Almanach des Muses*.

La Tourterelle et le Rossignol.

C'est un grand bien que le talent
Quand on y joint la modestie ;
Mais tous les éclairs du génie
Ne valent pas un sentiment.

    Un tourtereau tendre et fidèle
Du destin rigoureux avait subi les lois ;
De ses gémissements, de sa peine cruelle
Nuit et jour sa compagne entretenait les bois :
    Les échos attendris répondaient à sa voix,
    Et mille oiseaux le regrettaient comme elle.
    Qui l'eût pensé ? la seule Philomèle
    Ose insulter à son malheur!
N'entendrai-je, dit-elle, au fond de ce bocage
    Que de lugubres chants, formés par la douleur,
    Contraster avec mon ramage !
    Tu te plains d'un triste veuvage,

Et moi, je chante le bonheur;
Je distrais en ces lieux la nature attentive
Aux doux accords de mes accents :
Ils sont si tendres, si touchants,
Qu'ils suspendent le cours de l'onde fugitive.
A ma voix tout renaît, j'embellis tous les lieux;
Sur mon aile en nos champs je porte le zéphyre;
Flore après mon retour soupire;
Jusqu'à l'oiseau chéri de la reine des dieux,
Tout me porte envie et m'admire.
En propos aussi vains bien loin de s'exprimer,
La tourterelle humble et naïve
Lui répond d'une voix plaintive :
— Je chante mal, mais je sais bien aimer.

DROBECQ, abbé, a publié divers ouvrages en prose et en vers. On trouve de lui dans l'*Almanach des Muses* quelques fables qui ne manquent pas d'originalité.

Le Plaisir et l'Ennui.

Le plaisir et l'ennui, depuis le premier âge,
Vont parcourant cet univers.
Ce premier vole, et c'est dommage.
Le plaisir, traversant les airs,
Sort d'une ville et va dans un village :
Voulez-vous me loger? dit-il aux habitants.
— Volontiers, notre ami! disent ces bonnes gens.
— Lors, répond le plaisir, j'abandonne la ville.
Je connais votre cœur; vous connaîtrez le mien ;
Vous saurez qui je suis; vous le méritez bien.
Ce village me plaît, il sera mon asile :
J'irai voir tantôt l'un, l'autre ; aujourd'hui
Je loge chez Colin. C'était fête chez lui;
Car sa jeune moitié venait ce jour-là même
De lui donner un beau garçon,
Et le plaisir fut du baptême.
Mais, l'autre voyageur passant par le canton,
L'ennui par hasard vint, et leur dit : Eh! de grâce,
Pour cette nuit logez-moi seulement.
On répondit qu'on n'avait point de place.
Le voisin en dit tout autant.
Plus loin de même. Alors l'ennui très-sage
Prit le parti de sortir du village;
Mais il n'y perdit pas : car il eut le bonheur,
En affectant un air honnête,
De se glisser chez le seigneur,
Qui ce jour-là donnait une brillante fête.

SAUTEREAU DE BELLEVAUD (CLÉMENT-SIXTE), né à Paris en 1740 et mort en 1804, a dirigé l'*Almanach des Muses* depuis 1705 jusqu'à 1798.

Le Cygne et les Corbeaux.

Un de ces oiseaux gracieux
Que la déesse de Cythère
Attelle quelquefois à sa conque légère,
Un cygne, puisqu'il faut enfin s'expliquer mieux,
Sur le cristal d'une onde solitaire
Coulait jadis des jours heureux.
Là, plus brillant qu'un lis qui vient d'éclore,
Et ne reconnaissant d'autres lois que ses vœux,
Il chantait avant l'heure où la naissance aurore
Ouvre les barrières des cieux
Et le soir il chantait encore.
Un sinistre corbeau, guidé par ses accents,
Découvrit un matin sa demeure secrète;
Il est, hélas! tant de méchants,
Que la plus profonde retraite
Ne peut à leurs regards nous dérober longtemps.
Le duvet argenté du cygne,
Le bonheur que goûtait cet innocent oiseau,
Bonheur dont il était si digne,
Tout déplut au triste corbeau :
Etre blanc lui paraît un crime épouvantable,
Et la, félicité d'autrui
Est un mal, un tourment pour lui.
Il part, il fend les airs d'une aile infatigable;
Il va, dans les bois, dans les champs,
Semer la fureur qui l'agite,
Et bientôt on voit à sa suite
Un noir essaim d'animaux croassants
Fondre sur le canal que le beau cygne habite.
Son gosier forme en vain les plus aimables sons
Pour attendrir la cohorte ennemie :
Le charme de sa voix irrite encor l'envie,
Et la mort est le prix de ses douces chansons.
O vous, cygnes de la tribune,
Méfiez-vous de vos rivaux,
Et craignez la même infortune :
On trouve partout des corbeaux.

DUBOIS-LAMOLINIÈRE (FRANÇOIS), ancien conseiller au conseil supérieur de Saint-Domingue, né à Villorioux (Charente) le 8 février 1752, a publié une traduction en vers français des Satires de Juvénal et de Perse.

La Vengeance d'une abeille.

A réparer certaine injure
Une abeille un jour s'engagea :
Elle y parvint et se vengea,
Mais expira sur la blessure.

GENLIS (STÉPHANIE-FÉLICITÉ DUCREST, comtesse de). Cette femme célèbre, qui fut gouvernante des enfants de Louis-Philippe Egalité, a laissé un nombre considérable d'ouvrages, parmi lesquels nous avons recueilli ces deux fables :

L'Oiseau, le Prunier et l'Amandier.

Un jeune oiseau perché sur un prunier
Vit tout à coup un amandier :
Le bel arbre! dit-il, et quel charmant feuillage !
Allons goûter ses fruits, je gage
Qu'ils sont mûrs et délicieux.
A ces mots, fendant l'air d'un vol impétueux,
L'oiseau bientôt, ainsi qu'il le désire,
Se trouve transporté sur l'arbre qu'il admire.
Lors aux amandes s'attachant
Il veut les entamer, mais inutilement;
Et de son bec en vain il épuise la force.
Ne nous étonnons pas de son raisonnement,
Il ne jugeait que sur l'écorce !

Les deux Ifs.

Deux ifs plantés en même terre
N'avaient pas cependant un semblable destin :
L'un végétait dans un parterre,
L'autre croissait près d'un chemin,
Séparé par une barrière.
Qu'il m'en prisonné. Mais, mon pauvre voisin,
S'écriait ce dernier, quelle épaisse poussière
Couvre ton feuillage brûlé !
Comme te voilà sec, et jaunâtre et hâlé !
Du temps qu'il fait dépend ton existence.
Lorsqu'il ne pleut pas, tu languis ;
Cependant tu t'enorgueillis
De vivre dans l'indépendance.
Je ne t'envierai pas ce bonheur si vanté,
Car je conviens que de la liberté
Je n'ai jamais compris les charmes.
Dans ce jardin nous vivons sans alarmes,
Dans l'abondance et la tranquillité.
Notre maître avec vigilance
Veille sur nous du matin jusqu'au soir ;
La pompe, les châssis, la bêche et l'arrosoir
Nous tiennent lieu de providence,
Nous préservent de tous les maux.
Nous bravons le soleil, le vent et les oiseaux,
Et des hivers la funeste influence.
Et, d'ailleurs, il n'est point de loi
Qui me contraigne ainsi que toi.
J'étends mes longs rameaux suivant ma fantaisie :
Rien ne me gêne ou ne me contrarie,
Et chaque jour je rends grâce au destin
Qui m'a fait naître en ce jardin.
Que m'importe d'avoir un maître,
Lorsque je ne m'en aperçoi
Que par les soins qu'il prend de moi !
— Fort bien, répondit l'if champêtre;
Mais ce maître plein de douceur
Ne peut-il pas avoir un méchant successeur ?
Ne peut-il pas aussi changer de caractère,
Ou bien déguiser ses défauts?
Pour moi, je l'avoûrai, je ne me ferais guère
A ce jardinier débonnaire.

Souvent il se promène avec certaine faux
Qui me paraît d'un très-mauvais présage,
Et qui devrait te causer quelque ombrage.
Tiens, le voilà !... quel aspect effrayant !
Oh ! quelle mine atrabilaire !
Et comme il est armé !... Bon Dieu ! que veut-il faire
De ces vilains ciseaux et de ce long croissant ?
Comme il disait ces mots, le jardinier s'avance :
Tout aussitôt, entrant dans le massif
Où croissait son malheureux if :
Allons, dit-il, allons, il faut que je commence
A tailler cet arbuste ; il a pris sa croissance,
Et je vais l'ébaucher : maintenant on le peut ;
Mais qu'en ferai-je ? Un sphinx, une chimère
(Car d'un esclave on fait tout ce qu'on veut) ?
Non, c'est un ours que j'en veux faire.
En effet, ouvrant ses ciseaux,
Le jardinier, se mettant à l'ouvrage,
De l'if infortuné coupe tous les rameaux.
L'arbuste en vain gémit d'un si cruel outrage :
Sous la main des tyrans à quoi sert de gémir ?
Ne faut-il pas toujours ou ployer ou mourir ?
Du pauvre if tel fut le partage :
On le mutile, on le saccage ;
On lui ravit en un instant
Sa forme, sa beauté, son aspect élégant,
Et la fraîcheur de son feuillage.
Malgré tout son dépit, par un charme fatal
Il prend la figure sauvage
D'un stupide et lourd animal
Et, d'un ours enchaîné bientôt offrant l'image,
Il excite à la fois des passagers surpris
Et la compassion et le juste mépris.

Ne nous étonnons pas de la métamorphose,
Nous la voyons assez communément.
Un tyran ne fait autre chose,
Quand il le peut impunément.

JULLIEN (MARC-ANTOINE). Un anonyme publia en 1803 un poëme intitulé la *Nouvelle Ruth* ou *Télamon et Pauline*; en 1807, il fit paraître des *Opuscules* en vers, parmi lesquels se trouve la jolie fable que nous reproduisons. Cet anonyme était Marc-Antoine Jullien, de la Drôme, né en 1744 au péage de Romans, mort en 1821. Il fut membre de l'Assemblée législative et de la Convention nationale ; mais, à partir de 1795, il renonça à la politique pour cultiver les lettres dans une retraite volontaire.

L'Astronome et le Mendiant.

Un des enfants de la docte Uranie,
Gens dont l'esprit audacieux
S'élève dans les airs, et vole jusqu'aux cieux
Avec les ailes du génie,
Un astronome enfin se promenait un jour,
Et rêvait à son ordinaire
Qu'il côtoyait de sphère en sphère
Du globe du soleil l'étincelant contour.
Un mendiant le voit, l'aborde, et le supplie
D'aider sa languissante vie.
Mais sa prière est sans crédit,
Et notre savant taciturne,
Qui s'en allait de Mars chez le fils de Saturne,
Ne le vit ni ne l'entendit.
Il n'imaginait pas, vous le croirez de reste,
En traversant ces vastes champs,
Que sur une route céleste
On pût trouver des mendiants.
Cependant l'homme au sac, la main toujours tendue,
Demande, pleure, crie, ose en venir au point,
Puisque autrement sa voix ne peut être entendue,
De le tirer par son pourpoint.
Le savant tombe de la nue.
Croyez-moi, dit le pauvre, abandonnez aux dieux
Le séjour d'où vient le tonnerre.
Qu'allez-vous faire dans les cieux ?
Les malheureux sont sur la terre.

PILLET (FABIEN), littérateur et journaliste, secrétaire de la direction de l'instruction publique et successivement chef de bureau aux ministères de l'intérieur et de l'instruction publique, a publié quelques fables en 1801. M. Fabien Pillet, né à Lyon en 1772, est mort à Paris en 1827.

Les Balayeurs.

Souvent les balayeurs, à la fin d'un orage,
Pour grossir les ruisseaux en arrêtent le cours,
Puis d'un pont chancelant nous offrent le secours,
Et nous font payer le passage.
De ces gens-là partout subirons-nous la loi ?
Jusque dans nos bureaux je crois en reconnaître.
Sans les embarras qu'ils font naître,
Que de gens seraient sans emploi !

MALINGER n'a révélé son existence que par des poésies éparses dans divers recueils.

Le Frère et la Sœur.

C'est être beau que d'être bon ;
L'un et l'autre sont désirables :
Beauté sans doute est joli don,
Mais les vertus sont préférables.
Certain homme avait deux enfants
De sexe et de traits différents.
L'un était d'une beauté rare,
C'était le garçon ; et sa sœur
Auprès de lui, par sa laideur,
Faisait un contraste bizarre.
Un jour comme dans un miroir
Tous deux s'amusaient à se voir,
L'Adonis vantait sa figure,
Plaisantant celle de sa sœur.
Plaisanterie est une injure
Souvent sensible à la laideur.
Un bon esprit ne fait qu'en rire :
Il y gagne ; car la satire
Fait souvent grâce à qui s'en rit.
La sœur n'eut pas ce bon esprit,
Mais se fâcha contre son frère
Et l'accusa devant son père
D'être tout le jour au miroir,
Comme une femme, pour s'y voir.
Le bon père à la jalousie
Attribue un dépit si grand,
Mais agit en homme prudent :
Pour guérir cette maladie,
Aux enfants trop commune, hélas !
Il prend sa fille entre ses bras,
Sur son sein tendrement la serre,
D'un baiser calme sa colère,
Et, faisant approcher son fils,
Contre son sein aussi le presse,
Puis donne à tous deux cet avis :
— Mes enfants, puissiez-vous sans cesse
Avoir les yeux sur le miroir !
Consultez-le matin et soir ;
En te rendant la douce image
De la beauté de ton visage,
Mon fils, qu'il te dise de fuir
Le vice qui peut t'enlaidir.
Tu peux de son avis fidèle
Te bien trouver dans tous les temps,
Ma fille ; si tu n'es pas belle,
Embellis-toi par tes talents.

SÉGUR (le comte LOUIS-PHILIPPE DE) naquit à Paris le 11 décembre 1753 et mourut le 27 août 1832.
Il a publié des contes, des fables, des chansons et d'autres poésies. Paris, an IX (1801).

Le Mérite et le Hasard.

On m'a conté qu'au Temple de la Gloire,
A son tour le Mérite un jour voulut entrer :
Or, vous pouvez déjà vous figurer
Des envieux la méchanceté noire,
Ce qu'il eut de périls, d'obstacles à braver.
Il ne sait point ramper ; ainsi, vous pouvez croire
Qu'il était tard lorsqu'il put arriver.
Mais vous pensez au moins qu'il dut trouver
Le Temple ouvert et la couronne prête ;
Qu'on l'accueillit, qu'on lui fit fête ;
Vous vous trompez ; le Temple était fermé.
Le Mérite aux refus doit être accoutumé :
Il ne se plaint point : on sait qu'il est modeste.
Près de lui cependant un aveugle portier

De temps en temps, sans se faire prier,
Ouvrait à mille fous qui marchaient d'un air leste :
Sans examen il les faisait entrer.
Leur course était rapide et leur chute était prompte;
Arrivés pleins d'orgueil, ils sortaient pleins de honte,
Et pas un d'eux n'y pouvait demeurer.
Au Mérite à la fin le vieux portier s'adresse,
L'appelle par caprice, et, le tirant à part,
Lui dit : Votre froideur me surprend et me blesse.
Vous comptez sur vos droits aux yeux de la déesse.
Vous m'avez méprisé, mais vous entrerez tard :
 Et je prétends faire un exemple,
 Pour prouver que la clef du Temple
 Ne sort pas des mains du Hasard.
— Je sais quelle est ton injuste puissance,
Dit le Mérite, et j'en connais l'excès.
Mars te laisse son glaive, et Thémis sa balance;
Arbitre des revers, arbitre des succès,
Ici tout est soumis à ton pouvoir funeste :
De ce Temple à ton gré tu peux donner l'accès ;
 Mais le Mérite seul y reste.

LAURENCIN (don Juan) a publié des fables et des poésies diverses; Paris, an X (1802).

La Cigale et la Fourmi.

Dame cigale, en la belle saison,
 Où tout se trouve en abondance,
 Ne pensant qu'à faire bombance,
Chantait, sautait de buisson en buisson;
 Et de la fourmi sa voisine
 Raillait l'humeur chagrine.
A son compte, toujours pensant à l'avenir
L'avare de son bien ne savait pas jouir.
Sans cesse accumuler, quelle étrange folie!
La fourmi cependant allait toujours son train,
 Et sa dépense était remplie
 Abondamment du meilleur grain.
 Comme en ce bas monde tout passe,
 Du beau temps l'hiver prit la place :
 Aux champs, plus d'herbe ni de fleur;
Tout fut brûlé par la saison glaciale.
N'ayant rien gardé, la cigale
 Très-fréquemment dînait par cœur.
 Elle allait périr de misère :
 En cette extrémité que faire?
Je connais bien, dit-elle, un grenier bien fourni,
 Mais cette avare la fourmi
 Ne m'en ouvrira pas la porte.
 Allons la trouver cependant,
  Car autrement
 Je suis une cigale morte.
 Elle y va; la fourmi soudain
 Lui donne un sac du meilleur grain,
 Puis ajoute : — Voyez, ma mie,
 A quoi sert mon économie!
Aurais-je pu ainsi vous soulager,
Et jouir du plaisir si doux de partager?
 Cependant soyez diligente,
Vous n'aurez pas toujours un tel appui :
 Car quand on compte sur autrui
 On est souvent trompé dans son attente.

REYRE (l'abbé Joseph), né à Eyguières (Bouches-du-Rhône) le 25 avril 1735, mourut à Avignon le 14 février 1812. Son *Fabuliste des Enfants*, Paris, 1803, a eu huit ou dix éditions jusqu'en 1835.

La Femme et la Pie.

Une femme entreprit d'élever une pie,
De la faire parler elle avait le désir.
 A satisfaire cette envie
 Elle employait tout son loisir.
L'animal ne pouvait être à meilleure école;
Tout y contribuait à son instruction.
 Pour acquérir le don de la parole
Il avait à la fois l'exemple et la leçon,
 Car la dame parlait sans cesse.
Aussi tout réussit dans la perfection :
 L'écolière bientôt égala sa maîtresse.
Comme elle elle parlait et jamais ne cessait,
 Si bien que, lasse de l'entendre
 Et croyant devoir la reprendre,

 La dame un jour lui dit tout net :
 Quoi! par ton importun caquet
 Serai-je sans cesse étourdie?
 Ah! de grâce, finis, ma mie,
 Ou bien prends un tout autre ton;
 Car, tandis que tu crois me plaire,
 Tu m'excèdes par ton jargon.
Lorsque l'on parle mal il faut savoir se taire;
Ou si l'on veut parler, on doit parler raison.
La pie alors lui dit : — La leçon est fort bonne,
 Et bienheureux est qui la suit;
 Mais bien souvent tel qui la donne
 Par son exemple la détruit.

GRANCHER (J.-Cl.), ancien professeur de langues anciennes à l'école centrale du département des Ardennes, recteur de l'Académie de Limoges, membre de la Société d'agriculture, sciences et lettres de la Haute-Vienne; né à Paris le 3 mars 1779.
Il publia quelques fables dans un ouvrage intitulé : *Poésies* Paris, 1803. Mais ce volume a depuis longtemps été retiré de la circulation par l'auteur.

Le Ver de Terre.

Un ver au teint rougeâtre, en son trou retiré,
 Se dit un beau jour à lui-même :
Parbleu, Jupin sans doute était un peu timbré
Quand il a de ce monde établi le système;
Et quand je dis un peu, je veux dire beaucoup.
Quoi! le chien, le renard, et le cerf et le loup,
Et tant d'autres enfin, cheminent sur la terre,
 Tandis que moi, né comme eux de ma mère,
 Moi, créé, grâce aux dieux, de la même matière;
 Moi qui les vaux, je me traîne au dedans!
Fi donc! c'est un abus qui choque le bon sens.
Je voudrais bien savoir pourquoi l'on les protége,
Et s'ils ont mieux que moi gagné le privilége
 De humer l'air, et de courir
 Les bois et les prés à loisir.
Oh! par ma foi, que Jupin s'arrange;
Ma case est trop étroite, il est bon que j'en change
L'univers à coup sûr n'en ira pas plus mal.
En achevant ces mots le terrestre animal
 Bondit, s'allonge, se ramasse,
 Et se rallonge, et se tracasse,
Creuse, creuse le sol jusques à la surface,
 Puis sort de terre, et puis tranche du grand,
 Jaloux de témoigner son audace profonde.
 A le voir on eût dit Fernand
 Qui s'emparait du nouveau monde.
Mais tandis qu'à loisir ma bête s'admirait,
Passe un coursier : ma bête aussitôt disparaît
 Par le quadrupède écrasée.

De sages à projets ce ver est le miroir :
Telles gens ici-bas sont peu rares à voir;
L'univers en abonde, et leur race épuisée
Ne s'éteint en un lieu que pour renaître ailleurs.
Pour eux l'exemple est nul. Ce n'est pas que d'ailleurs
Je les plaigne, il s'en faut; mais parfois leurs maximes
Trompent les imprudents. Voilà ceux qu'en mes rimes
Je préviens des périls qui les suivent toujours.
Si l'on ne peut guérir certains fous de nos jours,
 Otons-leur du moins des victimes.

GUDIN DE LA BRENELLERIE (Paul-Philippe), né à Paris le 6 juin 1738, mourut dans cette ville en 1812.

Le Danger de l'exemple.

 Un homme, un soir cheminant,
 Passait à côté d'un village.
Un chien aboie, un autre en fait autant;
Tous les mâtins du bourg hurlent au même instant.
Pourquoi, leur dit quelqu'un, pourquoi tout ce tapage?
Nul d'eux n'en savait rien, tous criaient cependant.
Des publiques clameurs c'est la fidèle image;
On répète au hasard les clameurs qu'on entend;
Au hasard on s'agite, on blâme, on injurie;
 On ne sait pas pourquoi l'on crie.
Le sage, direz-vous, méprise ces propos
Tenus par des méchants, répétés par des sots.
Le sage quelquefois les paya de sa vie :
 Socrate fut empoisonné;
Aristide à l'exil fut par eux condamné;

Ils ont forcé Voltaire à sortir de la France;
Ils ont réduit Racine à quinze ans de silence.
On leur résiste quelque temps :
Leur fureur, à la fin, détruit tous les talents.
Demandez-le à la Grèce, à Rome, à l'Italie :
Ils ont dans ces climats, jadis si florissants,
Fait renaître la barbarie.

NOGENT, auteur complétement inconnu, dont on trouve la fable suivante dans l'*Encyclopédie poétique*.

L'Aiguille de montre.

Qui peut se comparer à moi?
Disait l'aiguille d'une montre;
J'indique le lever du roi,
Je dirige en mainte rencontre
Hommes d'affaires, magistrats,
Princes, ministres, potentats;
Tout reconnaît mon importance;
Enfin je marque les instants,
Je divise les jours et mesure le temps.
Elle parlait ainsi d'un ton plein d'arrogance,
Tandis que le ressort, à sa morgue opposant
Une modeste retenue,
Continuait d'échapper à la vue
Pour lui donner le mouvement.
Fort souvent nous ne savons guères
A qui nous prodiguons l'encens :
Combien d'illustres ignorants
Doivent tout à leurs secrétaires!

GUICHARD (JEAN-FRANÇOIS), né à Chartrette près Melun le 5 mai 1731, mort dans son pays natal le 23 février 1811, a composé l'*Amant statue*, les *Apprêts de noces*, le *Bûcheron*, opéras-comiques; fables, contes et autres poésies. Paris, an X (1803), deux vol. in-12.

Le Singe applaudi.

Dans un cercle de ses confrères
Un jeune singe, adroit comme on n'en voyait guères,
Fit un très-joli tour : mes singes d'applaudir.
D'aise en sa peau, signe de faible tête,
L'animal à peine à tenir,
Il veut recommencer... Il n'est plus qu'une bête.
L'éloge les sot est un écueil fatal ;
Louez-le de bien faire, aussitôt il fait mal.

Les deux Liqueurs.

Dans le verre le plus grossier,
Entouré d'un informe osier,
Reposait humblement une liqueur si fine,
Qu'on aurait pu la présenter aux dieux.
On n'en goûta que tard. On juge sur la mine,
Un beau cristal, taillé d'un art industrieux,
Prévenant pour une autre : on la croyait exquise;
On se jeta dessus, et l'on vit la méprise.
C'est l'âme qui de l'homme établit la valeur :
Le corps n'est que le vase, et l'âme est la liqueur.

Le Père et ses trois Fils.

Un honnête et vertueux père
Voulut de ses trois fils sonder le caractère.
— Cette bague, dit-il, je l'ai vu mainte fois,
Vous a tentés : elle est à celui de vous trois
Qui dans sa vie a fait l'action la plus belle.
Ça, j'écoute, parlez, et ne redoutez rien :
Dans ce combat où mon cœur vous appelle,
Votre juge, mes fils, sera l'amour du bien.
L'aîné commence ainsi : J'eus toute la fortune
D'un étranger, je l'eus toute chez moi;
Il n'en existait preuve aucune :
J'ai rendu ce dépôt; est-ce avoir de la foi?
— Qui n'en a point devrait mourir de honte :
La probité n'est qu'un devoir,
Il est mal de s'en prévaloir.
Passons. Le second fils raconte
Qu'un enfant avec un roseau
Jouant au bord d'un lac, était tombé dans l'eau.
Il se noyait; je cours et l'en retire.
Plus d'un témoin peut vous le dire.
— Vous me les produiriez, répond le père, en vain.

Est-ce être généreux? Non, ce n'est qu'être humain.
Ma bague me resterait-elle?
J'en aurais, je vous jure, une peine mortelle.
— J'ai la douleur d'avoir un ennemi,
Récite le dernier : je le vois endormi
Sur le penchant d'un précipice;
Le moindre mouvement eût fini ses destins :
Tout mon corps frissonne, je crains
Qu'en s'éveillant il ne périsse;
Je m'approche sans bruit, le soulève avec soin,
Et fus assez heureux pour le poser plus loin.
— Ah! s'écria le père en pleurant de tendresse,
La bague est bien à toi : c'est là de la noblesse.

La Bougie et le Flambeau.

Une bougie, un soir, à côté d'un flambeau,
S'imaginait au moins être un astre nouveau.
Admirez quel éclat je répands! disait-elle.
Quelqu'un répondit à la belle :
Cet éclat si brillant que vous apercevez,
Vous croyez le donner, non, vous le recevez.
Que le flambeau se retire, ma mie,
Et vous apercevrez l'éclat d'une bougie.

Ainsi le courtisan, d'un arrogant maintien,
Loin du soleil de la cour n'est plus rien.

LE MARCHANT DE LA VIÉVILLE (ABEL-LOUIS) a fait paraître des fables à Paris en 1804.

Le Jeu d'Oie.

Un père de famille assembla ses enfants;
Il les voyait tous avec joie.
Il fit apporter un jeu d'oie,
Jeu créé chez un peuple où brillaient les savants.
Je veux, dit-il, faire votre partie.
Tirons : des rangs le sort décidera.
Pierre, Benoît, le père, Auguste et Rosalie
Roulent les dés. Benoît commencera,
Auguste est le second et Pierre le troisième,
Rosalie ensuite jouera,
Le père sera le cinquième.
Benoît chasse les dés battus dans un cornet,
En sa faveur il a la chance.
Cinq et quatre est le point qu'il fait;
Or il conçoit d'autant plus d'espérance,
Qu'il va du coup à cinq et trois.
S'il fait encor dix points, ah! quelle joie!
Il arrive au jardin de l'oie.
Après avoir joué tour à tour une fois,
Benoît retire avec impatience;
Mais un point trop fatal le conduit à la mort :
La loi le veut, il faut qu'il recommence,
Et de nouveau s'expose aux caprices du sort.
Le père dans le puits se noie,
Pierre en prison est arrêté;
Auguste près du but se voyait avec joie,
Par lui Pierre est tiré de sa captivité.
Dans la route qu'il fait pour gagner la partie,
Chacun envie un plus heureux destin;
Mais le bonheur tardif enfin
Se déclare pour Rosalie.
Le père alors leur dit : « Écoutez, mes enfants,
Ce jeu du monde est la parfaite image.
Les soucis, les revers et les chagrins cuisants
S'offriront sur votre passage.
La porte du jardin figure on ne peut mieux
Celle de l'aveugle déesse
Qui fait tout mouloir dans les cieux.
A cette porte enchanteresse
On ne parvient pas aisément;
Il faut du temps et de la peine;
Vous le verrez, le plus souvent
C'est le hasard qui nous y mène.

Pour braver du sort la rigueur,
Comme ce jeu considérons le monde :
Et quand sur nous l'orage gronde
Opposons-lui toujours la constance et l'honneur.

DU HOULLAY (ROMAIN-NICOLAS) est l'auteur de *Fables en vers français*, Paris, an XII (1804).

La Poule et le Passereau.

Un poule couvait de ses feux assidus
Des œufs qu'elle croyait avoir faits et pondus.
    Une cane en était la mère.
    Que faites-vous ainsi, ma chère?
    Lui dit un passereau :
Quel prix espérez-vous d'un amour aussi beau?
Ces petits dont vos soins préparent la naissance
    Ne vous doivent point l'existence.
A peine verront-ils le jour,
Qu'ils vous le prouveront. Peu touchés de vos larmes
Vous les verrez dans l'eau, riant de vos alarmes,
Plongeant et replongeant, vous quitter sans retour.
Croyez-moi; laissez là cette race infidèle,
Et pour de vrais enfants réservez votre zèle.
— Je le sais, dit la poule; ils m'oublieront; mais, las!
    Il est si beau de faire des ingrats.

Quand à peine ils venaient de naître.
    Tous de l'homme enviaient le sort.
    O mes enfants! vous avez tort,
  Dit le berger, sachez mieux vous connaître:
    Comme parents ou comme amis,
    Les animaux de votre espèce
  Par vous sont au moins accueillis;
Partageant avec eux abondance ou détresse,
Ensemble vous pensez, vous causez franchement,
    Et vivez amicalement.
Pour le cours d'un ruisseau, pour un morceau de terre
    Vous n'avez ni procès ni guerre;
    Notre sort est bien différent!
Ah! plus que vous encor nous sommes misérables!
Car vos plus doux plaisirs viennent de vos semblables,
Et c'est de nos pareils que vient notre tourment.

L'ENFANT DÉNICHEUR (Vitallis).
Le chat n'a fait, mon fils, que ce qu'il t'a vu faire.

LA CONSOLATION (Sélis).
Tu n'as pas de souliers, moi je n'ai pas de jambes.

LA FÉRANDIÈRE (MARIE-AMABLE PETITEAU, femme de Louis-Antoine Rousseau, marquis de) était née à Tours en 1736, et mourut à Poitiers en janvier 1817. Ses poésies ont été publiées à Paris en 1806.

FUMARS (ÉTIENNE DE), né auprès de Marseille le 22 octobre 1743 et mort à Copenhague le 30 novembre 1806, s'était fait connaître par des contes, fables ou poésies diverses insérés dans l'*Almanach des Muses*. L'année qui suivit sa mort, ses fables furent recueillies et publiées en un vol. in-8, Paris, 1807.

Les Troupeaux et le Berger.

Vers le soir un pasteur rassembla ses troupeaux,
    Et les conduisit dans la plaine.
Les bœufs se lamentaient sur leurs nombreux travaux,
    Sur la fatigue, sur les maux
    Que leur causait l'engeance humaine,
  La tendre vache à son tour gémissait
  Sur son enfant qu'un cruel ravissait;
  Et des chevaux frappant du pied la terre,
    Contre leur maître murmuraient
    Du long chemin qu'ils parcouraient.
Tant de pas, disaient-ils? pourquoi? pour satisfaire
    Un caprice, un léger désir;
Encore si c'était pour quelque grande affaire!
Mais pour se promener, amuser son loisir,
    Crever les gens, le beau plaisir!
Point de grain, la verdure est tout notre salaire.
    Enfin les brebis se plaignaient
    Des élégants dîners du maître
  Qui chaque jour leurs petits enlevaient

L'Enfant dans le bateau.

  Un jeune enfant dans un bateau
Pour la première fois descendait la rivière,
Rapidement porté sur le courant de l'eau.
    Ah! ah! criait-il à son père,
Le tirant par l'habit, le château qui s'en va!...
Cette maison qui marche! Eh! je vois fuir l'église!...
Ah! monsieur le curé... quoi! vous demeurez là?...
  Courez donc! Le curé sourit de la méprise,
    Mais, pour l'honneur de la prêtrise,
Il se croit obligé d'expliquer à l'enfant
    L'effet qui le surprend.
Il cherche en son cerveau ses cahiers de physique;
    Parle toujours en attendant,
Et brouille tant qu'il peut les règles de l'optique.
Par bonheur, un vieillard, le doyen du canton,
  Ennuyé d'écouter, plus encor de se taire,
Soulève un peu son dos, et, frappant du bâton,
    Branlant cinq ou six fois sa tête octogénaire,
Montre qu'il va parler, parle enfin tout de bon.
Quoi! vous riez, dit-il aux gens de son village,

Quand ce marmot croit voir remonter le rivage!
Examinons un peu, sommes-nous moins nigauds?
Tenez, lorsque oubliant nos pénibles travaux
Nous chômons le dimanche ou bien les bonnes fêtes,
Qu'une pinte de vin a réjoui nos têtes,
Chacun rit, fait un conte, ou dit quelques chansons:
Dans ces instants trop courts où le plaisir entraîne,
Sommes-nous pas l'enfant emporté sur la Seine?
Si l'heure sonne alors nous nous disons:
Ah! comme le temps passe! et c'est nous qui passons.

DUTRAMBLAY (Antoine-Pierre), né à Paris le 27 avril 1745, mort le 24 octobre 1819. Ses *Apologues*, publiés à Paris en 1806, avaient atteint en 1822 leur cinquième édition.

La Goutte d'eau.

Au fond des mers s'engloutissant,
La goutte d'eau disait : Je ne suis rien au monde!
Souverain directeur de la machine ronde,
Pourquoi me sortir du néant?
Dans ce moment
Une huître bâille;
Au beau milieu de son écaille
Elle reçoit la goutte d'eau,
Qui s'y durcit et devient perle fine.
Le ciel tire souvent ce qu'on voit de plus beau
De la plus obscure origine.

La Fortune et le Mérite.

Sur le chemin de la Fortune,
Le Mérite un jour se trouva.
Mon cher, dit-elle, vous voilà :
Ah! quelle rencontre opportune!
Sur mon honneur, depuis longtemps
Je vous cherche sans cesse. — Et moi je vous attends.

LA MARÉE MONTANTE (La Bédollière).
Les lames viennent : voyez-les !
Prenez garde à vous, la mer monte.

BÉRENGER (L.-P.), né à Riez, en Provence, le 27 novembre 1749, mort à Lyon le 26 septembre 1822.

La Renoncule et l'OEillet.

La renoncule un jour dans un bouquet,
Avec l'œillet se trouva réunie :
Elle eut le lendemain le parfum de l'œillet.
On ne peut que gagner en bonne compagnie.

GRENUS (Jacques-Louis), né à Genève vers 1755, est connu par deux recueils publiés la même année: *Fables pour l'enfance et la jeunesse* et *Fables diverses, critiques, politiques et littéraires*, Paris, 1807.

La Modestie.

Quand Jupiter eut pris le soin
D'assigner aux vertus leur rang auprès de l'homme,
Celle qui méritait la pomme,
La Modestie, était demeurée en un coin:
Elle fut oubliée, on ne la voyait point.
Le dieu lui dit : O vous, que la grâce accompagne,
Je ne puis vous placer, les rangs sont déjà pris;
Mais des autres vertus vous serez la compagne,
Vous en rehausserez le prix.

L'Éventail et la Pudeur.

Que ne te dois-je pas? dit un jour la Pudeur
A l'Éventail : c'est toi qui caches la rougeur
Dont une vierge se colore
A tout propos d'amour, à tout discours flatteur.
— Il est, dit l'Éventail, un autre usage encore,
Auquel souvent je dois servir:
C'est d'empêcher de voir qu'on ne sait plus rougir.

GINGUENÉ (René-Louis), né à Rennes le 25 avril 1748, mort à Paris le 16 novembre 1816, fit partie de l'Institut organisé par la Convention nationale. Il est plus connu comme critique et comme historien que comme fabuliste. Son *Recueil de Fables* a eu toutefois deux éditions : 1810 et 1814.

Le Loup converti.

Un jour un loup des plus gloutons,
Après avoir dans une bergerie

Assouvi sa fureur sur de pauvres moutons,
Se mit à réfléchir sur cette barbarie.
Pour la première fois il sentit des remords
Naître dans son cœur sanguinaire.
Quoi! toujours, disait-il, d'une aveugle colère
Écouterai-je les transports?
Toujours du sang! toujours des morts!
Je suis las à la fin de ce train de corsaire.
Que m'a fait ce peuple innocent
Qui de ma rage est la victime?
Il est faible et je suis puissant;
Mais sa faiblesse est-elle un crime?
C'en est fait, je veux aujourd'hui
Quitter des mœurs que je déteste;
Au lieu de l'opprimer devenir son appui,
Et dépouiller en vivant avec lui
Cette férocité funeste.
Cela dit, maître loup vers le troupeau voisin
Tourne ses pas, repassant dans sa tête
Et la sérénité des plaisirs qu'il s'apprête,
Et quelle joie et quelle fête
Ce sera de le voir, devenu plus humain,
Près du petit mouton Robin
Bondir et folâtrer. Tout plein de cette idée,
Il arrive auprès d'un troupeau
Qui, sortant du prochain hameau,
Broutait le serpolet et foulait la rosée.
A cet aspect, adieu ses beaux projets;
De la rage la plus cruelle
Il sent renaître les accès:
Il s'élance, il saisit la brebis la plus belle;
Et court la dévorer dans le fond des forêts.

A ces beaux repentirs bien simple qui se fie!
Dès la première occasion,
Les serments du matin, le soir on les oublie:
Le loup n'est pas longtemps mouton.

GUESDON (D.-A.) a composé des *Fables orientales et nouvelles Idylles*. Paris, 1812.

Les deux Frères.

Un fermier qui touchait au déclin de son âge,
Avait deux fils objets de son amour.
Il mourut, leur laissant un champ pour héritage.
L'aîné se rendit à la cour.
Il parvint; et pourtant son mérite était mince;
Mais il sut intriguer, flatter les goûts du prince;
A ce métier bientôt il s'était aguerri:
Bref! il devint son favori.
Intrigant et flatteur, pouvait-il lui déplaire?
Loin de porter envie à ses brillants destins,
Le cadet cultiva l'humble champ de son père,
Et vécut satisfait du travail de ses mains.
Un jour l'aîné dit à son frère:
Pourquoi n'apprends-tu pas à plaire?
Tu ne serais pas obligé
De travailler ainsi pour vivre.
Parmi les courtisans je veux te voir rangé.
A notre art plein d'attraits si ton esprit se livre,
Dans un poste éminent je prétends t'installer.
Le cadet répond d'un ton grave:
— Ainsi que moi, mon frère, apprends à travailler,
Et tu ne seras pas obligé d'être esclave.

SÉLIS (NICOLAS-JOSEPH), né à Paris le 27 avril 1737, mourut le 19 février 1802. Il obtint la chaire d'éloquence au collége Louis le Grand, par le crédit de Delille, fut appelé à la troisième classe de l'Institut national, et nommé professeur de belles-lettres à l'école centrale du Panthéon. Il devint encore examinateur des élèves du Prytanée, et enfin professeur de poésie latine au collége de France. On ne cite guère de lui que sa traduction des satires de Perse en prose et les fables que nous donnons ici.

Le Vieillard sorti de prison.

Victime de la calomnie,
Chrémès, dans l'hiver de ses ans,
Par l'ordre du tyran d'Athènes, sa patrie,
Est arraché du sein de ses parents,
Est séparé de ses amis pleurants,
Et conduit avec barbarie
En un cachot loin de l'œil des vivants.
Dans cette odieuse demeure

Le monstre veut qu'il vive en proie à ses ennuis.
Il vécut, ou plutôt il gémit jours et nuits,
En désirant sa dernière heure.
Enfin pourtant il se fit à ces lieux:
Il lisait, il priait les dieux;
De vers plaintifs il chargeait sa muraille;
Il chanta quelquefois même des vers joyeux,
Et ce fut lui dont l'art ingénieux
Fit le premier étui de paille.
Mais le tyran n'est plus; il périt à son tour.
Chrémès, vous êtes libre après trente ans de peines;
Allez revoir le jour,
Allez revoir Athènes.
Il sort pour gagner son logis:
Mais quelle est sa surprise extrême!
Le voilà, grâce au temps, nouveau dans son pays;
Tout est changé, bâtiments, gens, habits;
Il ne peut plus trouver sa maison même.
Où sont mes neveux, mes cousins?
Qu'est devenu mon tendre frère?
— Tous ont terminé leurs destins.
Où chercherai-je, en ma douleur amère,
Mes condisciples, mes voisins,
Et celle qui me fut si chère,
Et ces amis au cœur sensible et bon,
Et mon vieux serviteur, mon pauvre Parménon?
— Ils sont morts. — Ainsi donc je suis seul sur la terre!
Remenez-moi dans ma prison.

La Consolation.

Un malheureux réduit au désespoir,
Et faute de chaussure étendu sur la terre,
S'écriait: Hélas, peut-on voir
Un pareil excès de misère!
Lors, par hasard, au milieu du chemin
Il aperçoit un homme hors d'haleine:
Que dis-je, homme! c'était une moitié d'humain,
Un tronc vivant qui se traînait à peine;
C'était un cul-de-jatte enfin,
Lequel, voyant cet autre et le trouvant ingambe,
Lui dit: Ami, sois sage, et croi
Qu'il est des gens plus à plaindre que toi:
Tu n'as pas de souliers, moi je n'ai pas de jambe.

VITALLIS (ANTOINE) a publié des fables qui ont eu deux éditions. Paris, 1795-1796.

L'Enfant dénicheur.

Jeunes enfants ont toujours eu la rage
De dénicher et merles et pinsons
Et toutes sortes d'oisillons.
Sur trente qu'ils mettent en cage
A peine un seul survit, et certes c'est dommage.
Moins d'oiseaux et moins de chansons,
Moins de plaisir dans le bocage.
Mais aux enfants qu'importe le ramage?
C'est l'oiseau qu'ils veulent tenir:
C'est leur manière de jouir,
Et plus d'un homme fait n'en sait pas davantage.
Un marmot s'en vint donc apporter, tout joyeux,
Un nid de fauvette à sa mère.
Jamais il ne fut plus heureux.
Bonheur si grand ne dure guère:
Le même soir un jeune chat
Fit son souper de la nichée.
L'enfant pleura, cria, fit tel sabbat
Qu'on aurait dit une Hélène enlevée;
Et la mère de dire alors:
Pourquoi ces pleurs, cette colère?
De quel côté sont donc les torts?
Le chat n'a fait, mon fils, que ce qu'il t'a vu faire.
Tu fus bien plus cruel à l'égard des parents
De ces oiseaux innocents:
Juge de leur douleur amère
Par la peine que tu ressens!
Les maux que nous causons doivent être les nôtres.
Mon fils, quand tu voudras jouir
Fais en sorte que ton plaisir
Ne soit pas le tourment des autres.

JOLIVEAU DE SEGRAIS (Madame MARIE-MADELEINE-NICOLE-ALEXANDRE-ADINE GEHIER, dame) née à Bar-sur-Aube le 16 novembre 1756. Ses *Fables nouvelles*, en vers (Paris an X, 1801), eurent en

1814 une troisième édition in-8°, éditée chez Janet et Cotelle, et dédiée à la duchesse d'Angoulême. Elle les avait d'abord écrites uniquement pour ses enfants.

Les Guêpes.

Un superbe cheval de guerre
Sous son illustre chevalier
D'un coup de feu mordit la terre;
Et des vers mon noble coursier
Etait devenu la pâture;
Car toujours l'active nature
De l'horrible destruction
Fait jaillir des sources de vie.
Des flancs de ce cheval une troupe sortie
De guêpes présentait ample collection.
Elles de s'écrier : Voyez notre origine!
Qu'elle est belle! qu'elle est divine!
Nous descendons des plus nobles chevaux
Que jamais ait produits le puissant dieu des eaux.

Ainsi le monde entier s'oublie :
Tel peuple issu d'un peuple de héros
N'a lieu de se vanter, dans sa sombre folie,
Que d'être né sur leurs tombeaux.

La Poule et le Philosophe.

Une poule observait, l'œil fixé vers les cieux,
Quand tout à coup elle crie et rappelle
Ses chers poussins : mes enfants, leur dit-elle,
Gardez-vous de quitter ces lieux;
Soyez tout prêts afin que sous mon aile
Vous puissiez vous cacher dans un danger pressant.
Un philosophe rit des soins de cette mère :
Cette crainte, dit-il, est sans nul fondement!
Oh! mes yeux ne me trompent guère;
Le fait est que je ne vois rien.
Oui, vous rêvez, maman, je m'en aperçois bien,
Sinon vous n'auriez pas la visière fort nette.
Pourtant il braque sa lorgnette
Où la mère agitée avait jeté les yeux :
Il aperçoit comme un point dans les cieux
Qui s'étend, s'agrandit, plane sur l'hémisphère :
C'est un oiseau, c'est un vautour.

Ce que nul n'aperçoit, par un effet d'amour
Ne saurait échapper aux regards d'une mère.

JAUFFRET (LOUIS-FRANÇOIS), né à Paris le 4 octobre 1770, a publié des fables nouvelles en 2 volumes qui ont eu deux éditions successives Paris, 1814-1815.

Les Dorades chinoises.

Se laisser éblouir par l'éclat d'un pourpoint
Est chose naturelle aux dames.
La Fontaine dirait : Je connais sur ce point
Bon nombre d'hommes qui sont femmes.
On m'a raconté qu'autrefois
Une puissante châtelaine,
Nièce d'un fameux capitaine,
Avait reçu vivants plusieurs poissons chinois.
Tanches, brochets, barbeaux, de gauloise origine,
Jamais n'eurent l'éclat des poissons de la Chine.
Des plus riches couleurs ces derniers furent peints.
Ils passent en beauté les fleurs de nos jardins.
Leurs écailles sont d'or sur un fond écarlate.
La dame du château, que la nouveauté flatte,
Mande son intendant : De ces brillants poissons
Je veux multiplier l'espèce.
Allez; de mon étang qu'aussitôt disparaisse
Tout le menu fretin, tanches, carpes, goujons,
Voire même barbeaux, brochets et brochetons :
Anéantissez-moi ces espèces bourgeoises,
Et faites place nette aux dorades chinoises.
Le seigneur châtelain, bonhomme de mari,
Glosa sur le projet, en parut très-marri.
Mais peut-on s'opposer aux ordres d'une épouse
De son autorité jalouse?
L'oracle avait parlé. Le docile intendant
Exécuta l'arrêt à son corps défendant.
Tanches, carpes en deuil, anguilles désolées,
A jamais de l'étang se virent exilées.
Brochets, goujons, barbeaux, eurent même destin.
La place fut livrée aux poissons de Pékin.

Ils y firent merveille. Au sein de l'abondance,
Leur race aux flancs pourprés s'accrut en diligence.
Si bien que le mari, d'une timide voix,
Osa dire un jour à sa femme :
Daignez me répondre, madame;
Mangerons-nous enfin quelqu'un de vos chinois?
— Oui, j'y consens : leur chair doit être délicate.
— C'est ce que nous verrons. Les amis invités
Pour être du régal viennent de tous côtés;
Et l'on sert le poisson en habit écarlate.
Reçut-il un brillant accueil?
Non. Le goût ne fut pas du même avis que l'œil.
La dame, qui portait les mets chinois aux nues,
Reconnut enfin son erreur,
Et s'écria sa douleur,
Tanches de mon étang, qu'êtes-vous devenues!

FRANÇOIS DE NEUFCHATEAU (le comte NIC. L.), né à Lifol-le-Grand en Lorraine le 7 octobre 1752 mort le 10 janvier 1828, a publié des fables et des contes en vers, Paris, 1815, 2 vol.

Le Plaisir et la Peine.

Jadis le Plaisir et la Peine,
Vinrent au tribunal du souverain des dieux
Se faire l'un à l'autre un grief odieux
Des malheurs de l'espèce humaine.
Le procès était grave, et l'art des avocats,
Et le talent du commentaire,
Toujours propice aux altercas,
Avaient si bien brouillé le cas,
Que le grand Jupiter eut beau dire et beau faire.
Il voulait finir cette guerre,
Le dieu mit tout en œuvre, et n'y réussit pas.
On aime à plaider sur la terre;
Mais c'est au ciel encore un bien plus grand fracas.
Après de longues audiences
Et d'interminables séances,
Ne pouvant procurer un accommodement,
Jupiter par appointement,
Voulut que désormais le Plaisir et la Peine
Restassent l'un à l'autre attachés constamment.
Ils furent mariés en dépit de leur haine;
Ils se tinrent par une chaîne
Que Vulcain fabriqua du plus dur diamant,
Cette chaîne secrète à rompre est impossible;
Ainsi de la douleur et de la volupté
L'alliance incompréhensible
Dure éternellement contre leur volonté;
Toujours unis entre eux et toujours adversaires,
Leur discorde, à la fois, et leur société
Sont également nécessaires:
De là vient qu'ici-bas et le bien et le mal
Se combattant toujours et se suivent sans cesse.
Quiconque est pénétré de ce point capital,
Profite mieux des jours que la Parque lui laisse.
Aussitôt qu'on a pu saisir
Les mystères de cette chaîne,
On s'afflige moins de la peine,
On abuse moins du plaisir.

LE BAILLY (ANT.-FRANÇ.), né à Caen le 3 avril 1756. Il fut avocat et membre du Musée de Paris, avant la révolution; depuis cette époque, il fut attaché à diverses administrations. Il était encore membre de la Société royale académique des sciences de Paris et des académies de Caen, Vaucluse, etc. Le Bailly était l'un de nos fabulistes les plus distingués, et c'est à ses fables qu'il dut sa réputation. Elles furent publiées pour la première fois sous ce titre : *Fables nouvelles, suivies de poésies fugitives*; Paris, 1784, in-12. Plus tard l'auteur publia, sous le même titre, de nouveaux recueils dans lesquels on remarqua tantôt de nombreuses additions, tantôt des retranchements considérables. Ces éditions portent les dates de 1811, 1813 et 1823.

L'Abeille et le Frelon.

Une abeille, dès le matin,
Après avoir sucé mille fleurs d'un parterre,
Revolait vers sa ruche avec force butin.
Un frelon la rencontre, et, lui faisant la guerre,
Lui dit: Insensée! où vas-tu?
Au travail, n'est-ce pas? te vaut-il un fétu?
A quoi bon prendre tant de peine
Pour les menus plaisirs d'une indolente reine?
Travaille pour toi seule, et ce sera tout gain.

3.

Voilà ce que je te conseille.
L'autre lui répondit : Tu me prêches en vain :
Ce qui ne tourne pas au profit de l'essaim
Ne peut être utile à l'abeille.

Le Lierre et le Rosier.

Un lierre, en serpentant au haut d'une muraille,
Voit un humble rosier, et se rit de sa taille.
Apprends, dit l'arbre nain, que, seul, privé d'appui,
J'ai su m'élever par moi-même;
Et toi, dont l'orgueil est extrême,
Tu ramperais encor sans le secours d'autrui.

L'Araignée et le Ver à soie.

L'araignée en ces mots raillait le ver à soie :
Bon Dieu ! que de lenteur dans tout ce que tu fais !
Vois combien peu de temps j'emploie
A tapisser un mur d'innombrables filets?
—Soit, répondit le ver; mais ta toile est fragile,
Et puis à quoi sert-elle? A rien.
Pour moi, mon travail est utile,
Si je fais peu, je le fais bien.

Le Villageois et le Chat.

Un rustre en son armoire avait mis un fromage,
Lorsque par une fente il aperçoit un rat.
Vite, il fait entrer son chat
Afin d'empêcher le dommage;
Mais l'animal, mis aux aguets,
Mange le rat d'abord et le fromage après.

Les Lunettes et les Sifflets.

Dans son cabinet solitaire,
Réduite à ne voir plus que très-peu de chalands,
Dame Critique enfin jugea qu'il était temps
De paraître en public pour se tirer d'affaire.
Elle s'habille à la légère,
Renonce au maintien grave, affecte un air badin,
Au lieu de son regard sévère,
Ne laisse plus percer qu'un coup d'œil juste et fin;
Bref, sans un sourire malin,
Qui lui sied bien encor, mais aussi la décèle,
On n'aurait jamais dit : C'est elle.
Sous ce nouvel accoutrement
Elle est déjà sortie, et, pour ouvrir boutique,
Du Théâtre-Français a choisi le portique,
Lieu convenable assurément.
De mille fleurs de rhétorique
La voilà qui d'abord va semant ses discours.
On s'arrête : elle plaît, et de là grand concours.
Comme on faisait foule autour d'elle :
Messieurs, l'affiche annonce une pièce nouvelle,
Dit la Critique, or écoutez:
Voulez-vous bien juger l'ouvrage,
Connaître ses défauts, mais sentir ses beautés,
De mon moyen faites usage:
A travers ces lunettes-là
Vous distinguerez tout cela.
Et la dame, à ces mots, leur ouvre une cassette
Qui contenait mainte lunette.
Mais, messieurs, cela n'est pas tout :
Si l'ouvrage est mauvais, s'il endort le parterre,
Ou met sa patience à bout,
Alors à vous permis de déclarer la guerre,
Et de venger le dieu du goût;
J'ai là de quoi vous satisfaire:
Ou je suis bien trompée, ou voilà votre affaire.
Et d'une autre cassette elle tire à foison
Des sifflets de toute façon.
On rit : de ses sifflets chacun veut faire emplette,
Ils sont débités par milliers;
Mais la Critique, hélas ! on le croit volontiers,
Vendit à peine une lunette.

Le Lis et le Papillon.

Admirez l'azur de mes ailes,
Disait au lis majestueux
Un papillon présomptueux :
Où trouver des couleurs plus vives et plus belles?
Le lis lui répondit : Insecte vil et fier,
D'où te vient cet orgueil étrange?
As-tu donc oublié qu'hier,
Reptile encore obscur, tu rampais dans la fange?

THÉVENEAU (Charles-Simon), mathématicien et poëte, né à Paris en 1759, mourut en 1821. Ses fables, qui se distinguent par leur laconisme, se trouvent à la suite du poëme de l'*Illusion*, imprimé en 1816.

Le Violon cassé.

Un jour tombe et se brise un mauvais violon :
On le ramasse, on le recolle,
Et de mauvais il devient bon.

L'adversité souvent est une heureuse école.

Le Soleil et la Poussière.

Soleil, je t'obscurcis ! disait en s'élevant
Un amas de poussière agité par le vent.
— Oui, dit le soleil, je l'avoue,
Mais le calme venu tu rentres dans la boue.

GUILLOUTET (A.-L.) est l'auteur des *Fables nouvelles, suivies de pièces fugitives en vers*, par M. l'abbé G..., Paris, 1816, in-8°.

Le vieux Mâtin.

Dans sa loge auprès de la porte,
Un vieux mâtin presque aveugle et sans dents,
Qu'on entrât, qu'on sortît, la nuit, le jour, n'importe,
Jappait sans cesse à tous venants.
Cesse tes cris, tes efforts impuissants,
Lui dit un chien voisin, tout ce bruit, ce désordre
Ne fait qu'étourdir les passants.
A quoi sert d'aboyer quand on ne peut pas mordre?

GUICHELET (l'abbé), doyen du chapitre de Poudevaux en Bresse. Ses fables, dont quelques-unes avaient paru dans la collection de l'*Almanach des Muses*, ont été publiées en 1816 sous ce titre : *Fables nouvelles, suivies de pièces fugitives en vers.*

L'Ours et les Abeilles.

Jadis dans le creux d'un rocher
La république des abeilles,
Dont chacun vante les merveilles,
Avait établi son rucher :
L'homme n'osait en approcher.
Un ours aux environs avait son domicile,
Et sous sa domination
La république était tranquille.
On mit un jour en proposition
De payer à son excellence
L'honneur de sa protection.
Mais qu'offrir en reconnaissance?
On n'avait que du miel, lui fut présenté :
Les ours en sont friands; le don fut accepté.
Le seigneur à son tour leur promit, et pour cause,
De les défendre envers et contre tout.
Le miel était fort de son goût;
Il pria l'an suivant qu'on redoublât la dose,
Et jura de sa part de redoubler de soins.
On se rendit à sa demande :
Lorsqu'un prince nous prie on sent bien qu'il commande.
Tous les ans de nouveaux besoins
Faisaient toujours doubler l'offrande.
La famille de l'ours, plus nombreuse et plus grande,
Augmentait chaque jour sa consommation.
Le protecteur mourut : c'était l'occasion
De s'affranchir du droit d'aubaine;
Mais l'ours qui succéda, du tout bien informé,
Leur demanda pour son étrenne,
Et comme ci-devant, le don accoutumé.
Le refuser c'eût été lui déplaire.
Il ariva qu'un temps contraire
Fit manquer la recette et la provision.
A son altesse on fit des remontrances :
On allégua les circonstances :
On s'excusa sur la saison;
Mais l'ours n'entendit pas raison;
Et sans épargner la menace,
Il crut faire beaucoup de grâce
De se relâcher de moitié,
Attendu leur malheur, qui lui faisait pitié.

CAPELLE (P.), inspecteur de la librairie, membre fondateur du Caveau, né à Montauban le 4 novembre 1772, a publié plusieurs ouvrages parmi lesquels on trouve contes, anecdotes, chansons et poésies diverses. Paris, 1818.

Les Enfants sur la Glace.

Des enfants glissaient sur la Seine,
Dont les flots étaient arrêtés;
L'un, marchand de petits pâtés,
En avait sur sa tête une corbeille pleine.
Il était le premier... Crac, la glace se fend,
Et le pauvre petit enfant
Disparaît en trouant à peine
Le plancher de cristal qui l'a vu triomphant.
Mais la corbeille reste; elle excite l'envie,
 Et, sans paraître épouvantés,
 Tous les enfants, l'âme ravie,
 Pillèrent les petits pâtés.

Voilà l'image de la vie.

ANDRIEUX (François-Guillaume-Jean-Stanislas), professeur de littérature française au collège de France, membre de l'Académie française, élu son secrétaire perpétuel le 22 janvier 1829, en remplacement de L.-S. Auger. On trouve dans les œuvres de cet académicien, au tome III, des contes, anecdotes et fables en vers. Andrieux, né à Strasbourg le 6 mai 1759, est mort à Paris, le 10 mai 1833.

Le Rat de ville et le Rat des champs.

Certain rat de campagne en son modeste gîte
De certain rat de ville eut un jour la visite.
Ils étaient vieux amis : quel plaisir de se voir !
Le maître du logis veut, selon son pouvoir,
Régaler l'étranger : il vivait de ménage,
Mais pouvait du bon cœur, comme on donne au village.
Il va chercher, au fond de son garde-manger,
Du lard qu'il n'avait pas achevé de ronger,
Des noix, des raisins secs. Le citadin à table
Mange du bout des dents, trouve tout détestable.
Pouvez-vous bien, dit-il, végéter tristement
Dans un trou de campagne enterré tout vivant ?
Croyez-moi, laissez là cet ennuyeux asile;
Venez voir de quel air nous vivons à la ville.
Hélas ! nous ne faisons que passer ici-bas;
Les rats, petits et grands, marchent tous au trépas.
Ils meurent tout entiers, et leur philosophie
Doit être de jouir d'une si courte vie,
D'y chercher le plaisir : qui s'en passe est bien fou.
L'autre, persuadé, saute hors de son trou.
Vers la ville à l'instant ils trottent côte à côte;
Ils arrivent de nuit : la muraille était haute;
La porte était fermée : heureusement nos gens
Entrent sans être vus, sous le seuil se glissants.
Dans un riche logis nos voyageurs descendent;
A la salle à manger promptement ils se rendent.
Sur un buffet ouvert, trente plats desservis
Du souper de la veille étaient les débris.
L'habitant de la ville, aimable et plein de grâce,
Introduit son ami, fait les honneurs, le place;
Et puis, pour le servir, sur le buffet trottant,
Apporte chaque mets, qu'il goûte en l'apportant.
Le campagnard, charmé de sa nouvelle aisance,
Ne songeait qu'au plaisir et qu'à faire bombance,
Lorsqu'un grand bruit de portes épouvante nos rats.
Ils étaient au buffet, ils se jettent en bas,
Courent, mourants de peur, tout autour de la salle;
Pas un trou !... De vingt chats une bande infernale
Par de longs miaulements redouble leur effroi.
Oh ! oh ! ce n'est pas là ce qu'il me faut, à moi,
Dit le bon campagnard; mon humble solitude
Me garantit du bruit et de l'inquiétude.
Là, je n'ai rien à craindre, et, si j'y mange peu,
J'y mange en paix, du moins, et j'y retourne... Adieu.

GAULDRÉE DE BOILEAU (H., marquis de la Caze) a publié des fables choisies. Paris, 1827. Elles avaient déjà été publiées en 1812, sous le titre de *Fables de M. H. G. B.*; en quatorze livres, 2 vol.

Les Épis.

Au mois de l'ardente saison
Où la fleur se flétrit sous un ciel sans rosée,
Mais où le laboureur sourit à sa moisson
 Et tient sa faucille aiguisée,
 Certain épi, vide de grains,
 Se balançant sur une tige altière,
Raillait ses compagnons, qui, courbés vers la terre,
Autour de lui ressemblaient à des nains.
L'un d'eux lui répliqua : L'orgueil, mon pauvre frère,
 Met ton jugement en défaut :
 Ta tête est vide; moins légère,
 Elle s'élèverait moins haut.

Ainsi, parmi nous, l'homme utile
Est en proie aux brocards de la fatuité :
 Tout cerveau creux est un asile
 Où se loge la vanité.

MOLLEVAUT (Charles-Louis), né à Nancy le 26 septembre 1776, mort à Paris en 1845. Il fut d'abord professeur aux écoles centrales et ensuite professeur de langues anciennes au lycée de Nancy. Il devint membre de l'Académie des inscriptions et belles-lettres, de l'Académie de Gottingue et des principales académies de France. Mollevaut est plus connu comme traducteur des écrivains grecs et latins que comme poëte original. Il a publié cent fables de quatre vers chacune (Paris, 1820), et on assure qu'à sa mort il a laissé en portefeuille cent nouvelles fables en quatrains.

Le Rayon de Miel.

Un enfant voit du miel : Quel suave aliment !
Tandis qu'avec plaisir sa lèvre s'y promène,
L'aiguillon d'une abeille arrête mon gourmand.

Le miel, c'est le plaisir; l'aiguillon, c'est la peine.

La Grappe.

Dans une belle grappe un mauvais grain se cache.
De gâter un raisin aurait-il la noirceur ?
Oui. Bientôt la gangrène à ses frères s'attache.

Un seul vice suffit pour gangrener le cœur.

Le jeune Arbre.

De mauvais fruits naissaient sur un arbre novice,
Du verger il fallait soudain le retrancher.
La racine s'allonge : on ne peut l'arracher.

C'est l'histoire du vice.

Le Chevalier **COUPÉ DE SAINT-DONAT** (A.-A.-D.-M.) né à Péronne (Somme) le 5 septembre 1775, a publié un volume de fables en 1808. La troisième édition est suivie d'une *Petite Galerie des Fabulistes anciens et modernes*. Paris, 1824.

Les deux Rats et le Chat endormi.

Après avoir croqué force souris,
 Un chat dormait dans la gouttière.
Eh quoi, disait un rat, tu fermes la paupière!
 Infâme Rominagrobis!
Tu dors!... Le doux sommeil est-il fait pour le crime?
Mon fils, mon tendre fils vient d'être ta victime!
 Inaccessible à la voix du remords,
 Gorgé de sang, tu digères, tu dors!...
— Paix, dit un autre rat, tremble qu'il ne s'éveille.
Le Ciel permet que le méchant sommeille
 Afin d'adoucir notre sort :
 N'éveillons pas le chat qui dort.

DE JOUY (Victor-Joseph-Étienne dit de Jouy), un des écrivains les plus distingués du XIXe siècle, membre de l'Académie française, né à Jouy (Seine-et-Oise) en 1769. Il entra fort jeune dans la carrière militaire avec le grade de sous-lieutenant; fut nommé adjudant général sur le champ de bataille après la prise de Furnes, et le 9 thermidor il était chef d'état-major de l'armée sous Paris commandée par le général Menou. En 1797 il demanda sa retraite et s'occupa de littérature. Membre de l'Académie française depuis 1815, Jouy est mort le 4 septembre 1846.

Le Ver-Luisant et le Ver de terre.

Dans une de ces nuits d'été
Dont l'obligeante obscurité
Sert d'asile au tendre mystère,
Dans un jardin un ver luisant

Disait à certain ver de terre,
Qui de son réduit solitaire
Venait de sortir en rampant :
Avouez que de la nature
Je suis le plus bel ornement;
On dirait que de ma parure
J'ai dérobé l'éclat au firmament.
Je crois, sans injustice aucune,
Pouvoir disputer à la lune
Le sombre empire de la nuit :
A m'éclipser elle s'applique;
Mais ces clartés dont elle luit
Le soleil les lui communique,
Je brille de mes propres feux.
— Un pareil sort ne me tenterait guère,
Répond l'insecte ténébreux :
Vous en rirez; mais je préfère
A cet appareil fastueux,
A tant de gloire et de lumière,
Ma forme lugubre et grossière,
Mon misérable accoutrement.
— De l'amour-propre étrange aveuglement!
Reprit le diamant mobile,
Même l'espèce la plus vile
Jusqu'à moi voudra s'élever!
— A Dieu ne plaise, dit le ver;
Je me connais; je vous admire;
Je rends justice à votre éclat;
Mais, content de mon humble état,
J'ai le bon esprit de me dire
Que dans ma triste obscurité
Je trouve au moins ma sûreté;
Et c'est tout ce que je désire :
Jouissez longtemps des honneurs
Que la nature vous destine,
Et puissiez-vous dans ses faveurs
Ne pas trouver votre ruine!
Comme ils parlaient, sur un arbre voisin
Un rossignol égayait sa compagne
Attentive à son chant divin.
Notre enchanteur dans la campagne
Aperçoit le ver lumineux,
Qui se plaisait à voir ses feux
Jaillir sur l'herbe étincelante :
L'oiseau profite du signal,
Fond sur le petit animal,
Et, sans respect pour sa robe brillante,
Il croque le porte-fanal.

Du voile de la modestie
Couvrez des talents précieux,
Par trop d'éclat ne frappez pas les yeux;
Cherchez plutôt à cacher votre vie.
Croyez-moi, mes amis, le secret d'être heureux
N'est guère que celui d'échapper à l'envie.

GRÉTRY (Flamand), parent du célèbre compositeur, auteur d'un recueil publié en 1827 sous le titre de *Fables et Contes en vers*, par un vieil ermite de la vallée d'Enghien-Montmorency.

La Clochette.

C'est moi, disait une clochette,
Qui règle tout en ce logis.
J'éveille les valets surpris
D'être tirés de leur couchette,
Lorsqu'à peine ils sont endormis.
Les ouvriers viennent ensuite;
Je les appelle à l'atelier
Et les rappelle du chantier,
Et cette fois ils partent vite.
Ne croyez pas que j'en sois quitte :
J'indique encor le déjeuner,
Puis le couvert, puis le dîner
Des maîtres et des gens à gages.
Survient-il quelques équipages,
Je tinte alors pour avertir :
Enfin c'est à n'en point finir.
— Tais-toi, lui dit un chat sortant de sa cachette,
Sans la main qui te meut tu resterais muette;
Rien ne sort de ton chef, tu ne fais qu'obéir;
Sois donc, à l'avenir,
Moins orgueilleuse et plus discrète.

Tel se dit hardiment l'auteur d'un bon projet,
Qui n'a fait que le lire en le mettant au net.

D'ERBIGNY a publié des *Fables nouvelles* en vers, dont la deuxième édition a paru à Lille en 1829.

La Fourmi et l'Oiseau.

Dans les derniers jours de l'automne,
Un oiseau regrettait le temps où l'on moissonne;
Le petit indigent souffrait fort de la faim;
Plus de blé dans les champs; il en demande un grain
A la fourmi, qui le lui donne.
Tout don est échange de bien;
La fourmi ne fait rien pour rien.
Elle fit bien pourtant de n'être point avare :
Elle-même avait soif, l'eau chez elle était rare.
Aussitôt le petit oiseau
En va prendre une goutte en un lointain ruisseau;
C'était assez, quoique ce ne fût guère.

Tout le commerce de la terre
Est dans ce grain de bled et cette goutte d'eau.
Trop ou peu d'une part fait que chacun s'arrange;
Le besoin fait le prix aussi bien que l'échange.

AGNIEL (H.) a publié des *Fables nouvelles*, Paris, F. Didot, 1829.

La Statue renversée.

Un monarque d'Asie (on sait que ces climats
Ont été le berceau du pouvoir despotique)
Se promenant un jour sur la place publique,
Vit sa statue à terre et brisée en éclats.
Saisi d'une crainte imprévue,
Le despote ombrageux pâlit à cette vue.
Il resta quelque temps immobile et muet;
Puis se livrant à sa colère :
Quel est l'audacieux, quel est le téméraire
Coupable d'un pareil forfait?
Qu'il périsse aussitôt!... — Tyran, c'est le tonnerre,
Lui dit un sage à haute voix.
Tremble à ton tour! Les dieux, plus d'une fois,
En lançant la foudre sur terre,
De leur juste vengeance ont averti les rois.

P. D. C. Ces initiales cachent l'auteur de *Fables nouvelles*, Paris, 1829.

Le Léopard.

Un léopard succédait à son père.
Son premier soin, ainsi que de raison,
Fut de composer sa maison.
D'un singe il fit son secrétaire,
D'un castor son premier maçon,
D'un ours pédant son caudataire,
Et du souffleur son échanson;
Un rossignol devient son maître de chapelle,
Un cerf léger son écuyer,
Un paresseux son aumônier,
Un chien-dogue sa sentinelle.
Tous ces élus devaient prêter serment
Entre les mains de son altesse,
De la servir fidèlement.
Le singe fut chargé du compliment
Préparateur de la promesse.
Grand prince! lui dit-il, tes serviteurs pieux,
En t'abordant, ont l'âme émue
De l'estime que tu fais d'eux.
— Imbéciles! reprend le prince dédaigneux,
Je n'estime que moi; vous, je vous évalue.

LE PRÉVOST-D'IRAY (Chrétien-Siméon), d'abord professeur d'histoire à l'école centrale de la rue Saint-Antoine à Paris, ensuite censeur des études au Lycée impérial, puis inspecteur général de l'Université, l'un des fondateurs des Diners du Vaudeville, membre du Lycée des arts et de plusieurs autres sociétés littéraires de Paris, enfin membre de l'Académie des inscriptions et belles-lettres depuis 1818. M. Le Prévost est né à Iray (Orne) le 13 juin 1768.

L'Ermite et les deux Voleurs.

Un bon ermite, exempt de soucis et d'ennui,
Revenait de la ville, et son âne avec lui :
Se renfermant dans les justes limites
Qu'entre l'aisance et le besoin
La sage nature a prescrites,

Il rêvait au produit de ses saintes visites,
    Quand deux voleurs l'aperçoivent de loin.
L'un (c'est le plus méchant) n'aimait pas les ermites;
L'autre, assez bon (s'il est de tels voleurs pourtant),
    Par sympathie apparemment,
    Pour les ânes avait une faiblesse extrême,
    Les aimant, comme on dit, à l'égal de soi-même.
L'un veut assassiner le porte-capuchon
Pour avoir son argent, ses habits, et de suite
Mettre un emprunt forcé jusque sur son cordon;
L'autre n'en veut qu'à l'âne, et du reste il tient quitte
    L'ermite.
    Nos emprunteurs s'accostent en chemin,
        Se communiquent leur dessein :
        Rien de mieux. Avec politesse
        On s'unit fraternellement;
        Chacun a son département.
    On se concerte, on se caresse,
    Ensemble on va faire sa main,
    Le tout sans nuire à son voisin :
Scrupule merveilleux pour gens de leur espèce!
    Cet excès de délicatesse,
Dont se passerait bien l'ermite voyageur,
    Met en repos... leur conscience...
    Leur conscience... de voleur.
On dit que celles-ci sont à la mode en France.
Au pied d'un arbre assis le saint homme dormait;
    Près de lui son âne paissait.
— Volons, dit l'un. — Tuons, dit l'autre. Moi, compère,
Je frapperai l'ermite. — Oh! non pas; il criera,
    Puis l'âne à l'instant s'enfuira ;
    Et ce n'est pas là mon affaire.
— C'est moi qui vais d'abord voler l'âne au bon père.
— Eh! mais, l'ami, le père au bruit s'éveillera;
    Puis le père se défendra;
    Et ce n'est pas là mon affaire.
A leur intérêt près ils étaient bons amis:
Nul ne voulait céder, on conteste, on chicane,
Et tous deux d'appeler le saint homme à grands cris.
— Ce fripon... ce coquin... veut te voler ton âne.
— Veut, en t'assassinant, te prendre tes habits.
L'ermite se réveille en secouant la tête :
Ho! ho! dit-il, que veulent ces gens-ci?
Puis, sans perdre de temps remontant sur sa bête,
    Fuit en leur criant : Grand merci!
Un méchant par hasard peut vous servir ainsi;
    Mais, sans demander votre reste,
Imitez mon ermite, et rendez grâce aux dieux
De ce que les méchants, par un bienfait céleste,
Ne peuvent pas toujours être d'accord entre eux.

VIGAROSY (ANT.-BENOÎT), né à Toulouse, le 15 juillet 1788. Ses fables ont paru en même temps à Paris et à Foix, en 1832.

L'Alouette et l'Aigle.

Avant de s'élever comme l'aigle se traîne!
    Comme moi du sein de la plaine,
Pourrait-il s'élancer droit au dôme des cieux?
Ainsi dit l'alouette en chantant sa victoire;
Et chacun d'applaudir son vol audacieux!...
On la perd, on la cherche... on la croit chez les dieux.
Mais ce fut un moment! elle tombe sans gloire
    Aux pieds des curieux!...
    Où donc est l'oiseau qui naguère
S'essayait pesamment à l'empire des airs?...
    Il plane au-dessus du tonnerre,
    Et promène sa gloire au milieu des éclairs!

Vous, jeunes étourdis, riches d'impertinence,
Qui croyez tout savoir, qui ne doutez de rien;
Qui des travaux de la science
Secouez le fardeau, déprimez l'importance,
Lisez cette leçon et retenez-la bien.

VILLIERS (PIERRE), ancien capitaine de cavalerie, a dédié au duc de Montpensier ses fables, publiées à Paris en 1833.

La Fourmi.

Sur les cornes d'un bœuf revenant du labeur
    Une fourmi s'était nichée.
    D'où viens-tu, lui cria sa sœur,
    Et que fais-tu si haut perchée?
    — D'où je viens? peux-tu l'ignorer!

Répondit-elle; ma commère,
    Nous revenons de labourer.

Que de gens en plus d'une affaire
Comme elle inaperçus ont l'air de se fourrer,
    Et feraient bien mieux de se taire!

VIENNET (JEAN-PONS-GUILLAUME), né à Béziers le 18 novembre 1777, entra en 1796 dans l'artillerie de marine, et fit quelques campagnes sur mer; mais il abandonna ce service pour celui de terre, et se montra avec distinction, en qualité de capitaine d'infanterie, aux batailles de Lutzen, Bautzen, Dresde et Leipzig. En 1827, il fut promu au grade de chef de bataillon du corps royal d'état-major. Depuis il a été nommé membre de l'Académie française (1831), de la chambre des députés, et enfin pair de France en 1840. Il a publié avec succès des épîtres en vers, des tragédies, le poème de la Philippide, et des fables qu'il lit à mesure qu'il les compose dans les séances académiques.

La Machine à vapeur.

Sur un chemin de fer dont la double nervure,
Aux miracles de l'art soumettant la nature,
Courait en noirs filets sur les monts nivelés,
Les fleuves asservis et les vallons comblés,
La machine de Watt, en sifflant élancée,
Du bruit de mains pistons frappant l'air agité,
Volait rasant le sol par la vapeur poussée;
    Et défiant dans sa rapidité
L'attelage divin par Homère chanté.
    Comme une comète enflammée,
    Elle jetait aux aquilons,
    En épais et noirs tourbillons,
    Sa chevelure de fumée.
Trente wagons chargés d'hommes et d'animaux
Étaient dans son essor entraînés sur sa trace.
On eût dit un village, habitants et troupeaux,
Qu'un ouragan fougueux emportait dans l'espace;
    Et de cette merveille avides spectateurs,
        Tous les peuples du voisinage
        Couraient saluer son passage
        De leurs transports admirateurs.
Tout à coup la machine, échappant de sa voie,
A travers les rochers court, éclate et se broie.
Le fracas des wagons par les wagons heurtés,
Les cris des voyageurs l'un sur l'autre jetés,
Font succéder l'horreur à la publique joie
    Ce train si pompeux, si bruyant,
Où l'homme avec orgueil contemplait sa puissance,
    N'est plus qu'une ruine immense,
D'hommes et de débris pêle-mêle effrayant.
Et d'où vient ce malheur, cette prompte déroute?
D'un tout petit caillou qu'a jeté sur la route
    La main débile d'un enfant.

O vous que dans ce temps si fertile en naufrages
De la fortune encore enivrent les faveurs,
    Conquérants de tous les étages,
Grands auteurs dont l'esprit se perd dans les nuages,
Où vous ont élevés des compères menteurs,
    Vous tous qui d'un char de victoire
Éclaboussez le monde, et vous faites accroire
    Que le jour ne luit que pour vous:
Brillants aventuriers, illustres casse-cous,
    Triomphez, roulez votre gloire;
    Mais gare les petits cailloux!

MOREAU (HÉGÉSIPPE), né à Provins, fils naturel sans fortune, ne put faire valoir qu'incomplètement son talent poétique. On trouve néanmoins dans son *Myosotis* des vers pleins de charmes et d'élégance. Ce recueil attira les yeux sur l'auteur, qui travaillait dans une imprimerie, et l'on s'occupa de lui chercher une position indépendante; mais, sans attendre, épuisé par des excès, il mourut en 1838 à l'hôpital de la Charité.

La fable suivante a paru dans une revue intitulée *l'Ecolier*.

Abdallah le Maudit.

Autrefois dans Bagdad, la ville des merveilles,
Grandissait Abdallah, fils du scheik El-Modi,
    Que les derviches et les vieilles,
Dont les propos moqueurs échauffaient les oreilles,
Nommaient dans leur colère Abdallah le Maudit.
Il n'avait, orphelin, ni mère ni sœur tendre,
Hélas! pour l'enchaîner doucement au devoir,
Pour payer son travail par les baisers du soir,
Ou punir sa paresse en les faisant attendre.
Une mère, une sœur, c'est le premier des biens,

Vous le savez, enfants, et moi.. je m'en souviens.
Passe encor s'il n'eût fait qu'agacer par derrière
Le derviche immobile en son culte fervent,
Et lui tirer la barbe; ou bourrer de poussière
La pipe du soldat qui dormait en plein vent;
Mais gourmand et voleur !... Oui, j'ai lu dans l'histoire
Qu'il aimait un peu trop la figue et le raisin
    Du voisin;
Fécond en mauvais tours, il y mettait sa gloire,
    Et cadis, marchands, bateleurs,
Dit-on, se méfiaient de lui les jours de foire
    Plus que des *quarante voleurs*.
Las enfin d'en gémir, à sa folle conduite
    Un vieil oncle l'abandonna;
D'Abdallah le Maudit chacun se détourna;
Le bruit seul de ses pas mettait les jeux en fuite.

LE VILLAGEOIS ET LE CHAT (Le Bailly).

. . l'animal, mis aux aguets,
Mange le chat d'abord et le fromage après.

Il réfléchit alors; la voix qu'il étouffait,
    Cette compagne intérieure
    Qui chante de joie ou qui pleure,
    Suivant qu'on a bien ou mal fait,
La conscience en lui gronda, juge implacable.
Alors dans le désert un saint homme vivait
D'aumône et d'eau, n'ayant que le roc pour chevet;
Et pleine de pardons quand sa main vénérable
Les répandait sur un coupable,
A l'arrêt inspiré toujours Dieu souscrivait.
Il me pardonnera sans doute
S'il pardonne au remords, dit l'enfant; et voilà
Au milieu du désert ses petits pieds en route.
Le désert est bien grand; Dieu conduise Abdallah!
Le désert est bien grand et presque infranchissable;
C'est un lac de poussière et de feu, rien n'y croît,
Ni mûres ni bluets, enfants, et l'on n'y voit
    Que du soleil et que du sable.
    Parfois d'un rocher caverneux,
Sous les pieds de l'Arabe, égaré dans l'espace,
Un boa sort, fouettant la terre de ses nœuds;
Ou bien, dans le désert, c'est un lion qui passe,
Superbe et calme, avec de la chair vive aux dents,
Et de gros yeux pareils à des charbons ardents.
A travers le soleil et les vents et l'orage,
Notre pénitent va, n'ayant pour tout fardeau
Qu'un gâteau de maïs, un bâton de voyage,
Et, pendante au côté, sa gourde pleine d'eau.
Au milieu du désert un cri mourant l'implore :

C'était un pauvre chien, qui, sur le sable ardent,
Dévoré par la soif, hurlait en le mordant.
La route à parcourir était bien longue encore;
Sa gourde résonnait à moitié vide, eh bien!
Il en épuise l'eau dans la gueule du chien,
Et le chien bondissant, tout joyeux de renaître,
Dit par une caresse : Abdallah! sois mon maître.
Il marche, il marche encor, puis s'arrête en voyant
Son compagnon lancé revenir aboyant.
Un serpent, au soleil, se dressait sur sa queue,
Le serpent roi, celui qu'on appelle devin,
Et sous les mille éclairs de son écaille bleue
Un oiseau fasciné se débattait en vain.
Notre héros s'élance, invoque le prophète,
Et, fort de sa piété, fort du secours divin,
Frappe à coups redoublés le monstre sur la tête.
Le devin se tordit sur le sable et siffla,
    Puis mourut aux pieds d'Abdallah.
Le vainqueur dans son sein met l'oiseau sa conquête
Et le baise, endormi sur ce mol oreiller,
Doucement, doucement, de peur de l'éveiller...
Le voilà parvenu devant la grotte sainte,
Enfin!... et sur le seuil il hésite, n'osant,
Lui, coupable et maudit, profaner cette enceinte;
Mais, ô surprise! aux pieds du vieillard imposant,
    Quand Abdallah courbait la tête,
Le chien, qui le suivait, à la porte gratta;
L'oiseau battit de l'aile au réveil et chanta;
Et le saint comprit tout, car il était prophète.
Sur le front du pécheur alors il étendit
    Ses deux mains tremblantes et dit :
Levez-vous, Abdallah; Dieu pardonne et vous aime;
En paix avec le ciel, en paix avec vous-même,
Allez, vous n'êtes plus Abdallah le Maudit.
Pour que Dieu le bénisse, un enfant doit soumettre
Ses caprices mutins aux volontés d'un maître;
Il doit n'être gourmand, espiègle, ni moqueur;
    Mais sur les vertus les plus hautes
    Ce qui l'emporte, et peut racheter bien des fautes,
Ne l'oubliez jamais, enfant... c'est un bon cœur!

ARNAULT (Antoine-Vincent), né à Paris le 22 janvier 1766, membre de l'Académie française, mort à Goderville, le 16 septembre 1834, est connu surtout par ses tragédies de *Marius à Minturnes* et de *Germanicus*. Ses *Fables et poésies* et ses *Fables nouvelles* ont été publiées en 1826 et 1834.

L'Ane et le Cerf.

Vive la liberté! criait dans la prairie,
L'unique fois, hélas! qu'il se soit emporté,
Martin, qui se croyait vraiment en liberté,
    Pour n'être pas à l'écurie.
Un cerf lui dit : Pauvre imprudent!
Vivre libre et bâté n'est pas chose facile.
    Ne te crois pas indépendant,
    Mon ami, tu n'es qu'indocile!

Les Entonnoirs.

    Le trait est-il assez noir ?
    S'écriait un entonnoir
    Du fond de sa vaste gueule,
    M'accuser d'aimer le vin!
    Moi qui de ce jus divin
N'ai pas dans tout mon corps une goutte, une seule.
On m'accuse d'aimer l'argent,
Et d'en exiger largement,
Soit pour parler, soit pour me taire,
Disait un orateur; que le monde est méchant !
    Ai-je un sou dans mon secrétaire?

Les Bulles de Savon.

    Tous les jours on voit des marmots
Avec un peu de vent gonfler un peu d'écume;
    Tous les jours avec de grands mots,
Pour l'heureux du moment maint sot fait maint volume.
    Mes amis, retenez-le bien,
    Le pouvoir de l'homme est immense :
    Tirer quelque chose de rien
    Est plus aisé qu'on ne le pense.

BRESSIER. M. Bressier, directeur des domaines à Dijon, a fait paraître des *Fables nouvelles* à Dijon en 1834. Ces fables, qui ne sont pas sans mérite, furent tirées à un petit nombre d'exemplaires; mais depuis leur impression l'auteur en a composé de nouvelles, qui se trouvent dans le recueil de l'Académie de Dijon. La troisième édition de cet ouvrage a été publiée sous ce titre : *Fables et poésies diverses*, précédées d'une lettre de M. Émile Deschamps. Paris, 1836.

Le Diamant et la Rosée.

Un diamant qu'on avait égaré
Au point du jour se trouvait dans un pré
 Par je ne sais quelle aventure.
La vapeur matinale, en liquides cristaux,
Du caillou de Golconde éphémères rivaux,
 Étincelait sur la verdure.
Mais quand l'astre du jour, sorti du sein des eaux,
 Eut recommencé sa carrière,
Et rempli l'univers de torrents de lumière,
Consumés par les feux du céleste géant,
Les saphirs, les rubis qu'avait semés l'aurore,
 Rentrèrent dans le néant;
 Le diamant brillait encore.

Un esprit superficiel,
Paré d'un vernis agréable,
Peut séduire un instant; du mérite réel
 Le triomphe seul est durable.

LA FOURMI (Villiers).
— D'où je viens? peux-tu l'ignorer !
Nous revenons de labourer.

LADOUCETTE (le baron JEAN-CHARLES-FRANÇOIS de), né à Nancy le 4 octobre 1772, a publié des fables qui ont eu deux éditions; Paris, 1826 et 1842.

Le Fermier et le Paon.

Encore de la pluie! eh! comment labourer,
Herser, semer, puis récolter?
Ainsi parlait dans sa détresse
Un cultivateur de la Bresse.
Tandis que, dans sa basse-cour,
Le paon, qui seul y règne et qui superbe étale
D'un plumage éclatant la pompe orientale,
Marche l'aile baissée, et dès le point du jour
Remplit de cris aigus tous les lieux d'alentour.
Il veut donc m'assourdir? dit son maître en colère;
O prophète maudit! c'est toujours sur mes champs
Que tes tristes clameurs appellent ces torrents;
 Ton sot orgueil insulte à ma misère :

Tu mourras. L'oiseau de Junon
 Ne descend pas à la prière,
 Mais il s'adresse à la raison :
Suis-je l'auteur du mal? Ma voix avant-courrière
T'apprend qu'il faut tenir au bercail tes brebis,
Et ne pas exposer tes chevaux en voyage,
Ou briser ta charrue en un vain labourage.

Conseiller sage est d'un grand prix.

HOFFMAN (FR. BENOÎT), l'un des meilleurs littérateurs et des critiques les plus spirituels de notre époque, membre du conseil littéraire de l'Académie royale de musique, né à Nancy le 11 juillet 1760, mort à Paris le 25 avril 1828. Ses œuvres, publiées en 1829, forment 10 volumes. On trouve ses fables dans le tome III, intitulé : *Mélanges en prose et poésies fugitives*.

La Nouveauté.

Aux lieux où règne la folie,
Un jour la Nouveauté parut :
Aussitôt chacun accourut;
Chacun disait : Qu'elle est jolie!
Ah! madame la Nouveauté,
Demeurez dans notre patrie;
Plus que l'esprit et la beauté,
Vous y fûtes toujours chérie.

Lors la déesse à tous ces fous
Répondit : Messieurs, j'y demeure;
Et leur donna le rendez-vous
Le lendemain à la même heure.
Le jour vint. Elle se montra
Aussi brillante que la veille :
Le premier qui la rencontra
S'écria : Dieux! comme elle est vieille!

LES DEUX ÉCREVISSES (Hoffman).
— Ma mère, je ne veux vous contredire en rien,
Je vous suivrai; marchez, s'il vous plaît, la première.

Les deux Écrevisses.

Ma fille, marchez droit, dit l'écrevisse mère,
Aller à reculons! fi, cela n'est pas bien.
— Ma mère, je ne veux vous contredire en rien,
Je vous suivrai; marchez, s'il vous plaît, la première.

Le Ménage brouillé.

Après six ans de mariage,
Blaise avec sa femme Isabeau

Faisait encore bon ménage.
Pour prix d'un exemple si beau,
Dans la maison chacun fut sage,
L'enfant, le chien, le chat, l'écureuil et l'oiseau.
Noé, quand il sauva de l'eau
Les restes de l'humaine engeance,
Ne vit jamais régner si bonne intelligence
Dans l'enceinte de son bateau.
Or, il advint qu'un jour de fête
Blaise but tant qu'il en perdit la tête.
Devinez-vous ce qu'il fit en rentrant?
Notre ivrogne battit sa femme.
Pour calmer son dépit le soir la belle dame
A son tour étrilla l'enfant;
L'enfant pinça le chien, le chien mordit la chatte,
La chatte à l'écureuil riposta de la patte,
Et l'écorcha je ne sais où;
Enfin d'un coup de dent l'écureuil en colère
Au pauvre oiseau tordit le cou.

Ainsi la faute d'un seul fou
Trouble une république entière,
Et le forfait du coupable puissant
Est toujours expié par le faible innocent.

Le Miroir et le Portrait.

Au temps jadis une femelle
Sans agréments, sans esprit, sans beauté,
Et pourtant pas sans vanité,
Désira son portrait. Vint un enfant d'Apelle
Qui lorgna, dessina, mais surtout qui vanta
Toutes les grâces du modèle.
Vous êtes charmant, lui dit-elle;
Mais ne me flattez point. Le peintre la flatta.
Le portrait fait, il l'apporta.
Dieux! quel plaisir! O surprise charmante!
Mais c'est bien moi! mais, mais j'y suis parlante!
Parents, voisins sont accourus,
Qui répétèrent en chorus :
Il est parlant! mais c'est à s'y méprendre!
Si ce n'est que madame a l'air encor plus tendre,
Le coloris plus frais, plus de feu dans les yeux :
A cela près le portrait est au mieux.
Ainsi, dans l'art croyant voir la nature,
L'original admirait la peinture
Sans se lasser de la revoir;
Quand par malheur la folle aperçut un miroir.
Ciel, quelle horreur! dieux, quelle glace impure!
Que ce verre est mauvais! que ce miroir est faux!
Il m'a renversé la figure.
Vite, au miroir elle tourna le dos,
Et caressa la miniature.

On chérit le flatteur qui cache nos défauts,
On fuit l'ami qui les censure.

LIDENER a publié des *Fables nouvelles*, Nantes, 1840, 2 vol.

Les deux Brochets.

Un jeune brocheton nageant près de son père,
Aperçut un appât qu'entraînait le courant :
Regardez donc la belle affaire,
Lui dit-il; peut-on voir un morceau plus friand?
— C'est vrai, reprit le vieux corsaire;
Mais comme, mon enfant, j'aperçois tout auprès
Le fil qui la retient, je pense
Qu'il vaut beaucoup mieux, par prudence,
Nous passer d'un semblable mets.

Les Roses et l'Engrais.

Va-t'en d'ici, tu sens mauvais,
Disaient d'un ton sec à l'engrais
De jeunes roses indiscrètes.
— La chose est bien possible; mais
Vous qui me contez ces sornettes,
Dites-le-moi, pauvres coquettes,
Que seriez-vous sans mes bienfaits?

STASSART (Goswin-Joseph-Augustin, baron de), né à Malines le 2 septembre 1780, et l'un des poètes les plus distingués dont s'honore la Belgique. Ses fables furent publiées pour la première fois en 1818; elles sont au nombre de cent soixante-quatorze dans la dernière édition, qui date de 1847. M. de Stassart a exercé d'importantes fonctions administratives : il a été sous l'Empire préfet de Vaucluse et préfet des Bouches-de-la-Meuse; il est membre de l'Institut de France, de l'Académie de Bruxelles et d'un grand nombre de sociétés savantes.

La Voiture mal dirigée.

Mon ami, va toujours au milieu du chemin,
Disait maître Lucas à son neveu Colin,
Jeune gars, conducteur d'une énorme voiture,
Qui devait au marché voisin
Transformer en écus les produits du jardin,
Les trésors de l'agriculture.
Notre rustique phaéton
Veut se donner une fringante allure;
Il frappe ses chevaux à l'aide d'un bâton...
Aller droit son chemin serait chose facile,
Mais on paraîtrait moins habile.
Il fait des zigzags, et voilà
Qu'à droite il enfonce une roue;
Il se rejette à gauche et trouve un tas de boue :
Par le choc l'essieu se cassa.
Avant le lendemain, comment sortir de là?
Bientôt l'air s'obscurcit, il survient un orage,
La foudre tombe avec fracas.
Que va dire maître Lucas?
Tout est détruit... plus de voyage!

Hommes d'Etat, si vains dès le début,
Ces fautes vous sont familières...
Voulez-vous atteindre le but?
Gardez-vous toujours des ornières.

La Mouche et le Cousin.

Une mouche vive et légère,
Et friande... comme un docteur,
Tout en courant, aperçoit certain verre
De la plus exquise liqueur,
Liqueur faite pour un chanoine,
D'autres prétendent pour un moine;
N'importe. En son étroit cerveau
La mouche imagina de s'en donner la joie :
Qu'arrive-t-il? Elle y tombe, et se noie;
Cet océan fut son tombeau.
Voilà le fruit de l'imprudence,
S'écriait un cousin en faisant le Caton;
Que n'a-t-elle voulu suivre en tout ma leçon!
S'enivrer! ah! vraiment, la sotte jouissance!
Combien, moi, je bénis mon sort!
Je n'aime que l'éclat, il embellit ma vie;
Pour moi la gloire est tout. A ce noble transport,
Notre insecte héros voltige à l'étourdie
Et s'approche d'une bougie :
Bientôt il y trouva la mort.

L'homme est fait tout de même; et tel qui se croit sage,
Tel qui se rit des malheurs du voisin,
Seulement change de chemin
Pour faire un semblable naufrage.

Le Conseil d'État du lion.

Pour gouverner les animaux
Avec plus d'ordre et de méthode,
Le roi lion veut rédiger un code.
On a vu Frédéric, Pierre et d'autres héros
Mettre cet usage à la mode.
Diversité de lois est souvent incommode;
Qui règne aime à pouvoir s'expliquer en deux mots.
Cependant il fallait en un corps de doctrine
Rassembler les matériaux.
Dès lors, notre prince imagine
D'avoir autour de lui des conseillers d'Etat.
Qui prendra-t-il? De l'ours on fait état,
Mais il est brusque en son langage;
Maître bœuf est trop lent; trop prompt est le cheval;
Bertrand n'a pas le maintien assez sage;
On trouve l'écureuil trop chétif personnage;
L'âne est un bien sot animal;
L'éléphant est disert, c'est seulement dommage
Que par trop de science il blesse et décourage;
Le léopard se montre impérieux;
Messire loup paraît trop odieux;
Le chevreuil est doux mais timide,
Le tigre beaucoup trop perfide,

Et le bélier trop généreux.
Du renard même on craignit la finesse ;
Bref, au rebut fut mise chaque espèce :
Le monarque était ombrageux ;
Il crut devoir, dans sa sagesse,
N'admettre que des chiens couchants.
Parmi nous, bien des rois ne sont pas moins prudents.

Le Trône de Neige..

Qui n'aime à voir folâtrer des enfants ?
Nous le fûmes aussi. C'est une jouissance
De pouvoir quelquefois se rappeler ce temps
Si regretté toujours, bien qu'il ait ses tourments.
Un rien suffit pour amuser l'enfance ;
Mais dans ses jeux, plus qu'on ne pense,
S'introduisent déjà les passions des grands.
Un jour, échappés du collége,
Des écoliers d'onze ou douze ans,
Aperçurent un tas de neige...
Le plus âgé, qu'on avait nommé roi,
Dit que de son pouvoir il en faisait le siége,
Le trône enfin ; et le cortége
Donne à ce vœu force de loi.
Le trône était froid comme glace ;
N'importe, avec plaisir s'y place
Cette éphémère majesté.
On s'enivre de la puissance...
Peut-on impunément avoir l'autorité ?
Chez notre prince, l'insolence
Surpasse encor la dureté :
Des malheureux sujets la moindre négligence
Est réprimée avec sévérité.
De Tarquin le Superbe il avait l'arrogance ;
Et de Néron, plus tard, selon toute apparence,
Il aurait eu la cruauté.
Pourtant le soleil le dérange :
Le trône, qui se fond d'une manière étrange,
Avant la fin du jour s'abat.
Bientôt l'orgueilleux potentat
Se voit au milieu de la fange.

Profitez de cette leçon,
Vous que la fortune protége ;
Vous êtes sur un tas de neige...
Du soleil gare le rayon !

HALÉVY (Léon), né à Paris le 14 février 1802, frère du célèbre compositeur. Ses fables ont eu deux éditions, et ont mérité, en 1848, d'être couronnées par l'Académie française.

Le Babillard.

Un babillard aux paroles hautaines,
Prenant pour le talent la jactance et les cris,
Se mit en tête un jour d'égaler Démosthènes
 (Car ce bavard était d'Athènes,
 Nous n'en avons pas à Paris).
Du succès d'avance il se flatte ;
Il veut être orateur et vient, dans ce dessein,
 Réclamer, la bourse à la main,
 Les doctes leçons d'Isocrate.
— Trop heureux si je puis un jour vous ressembler,
 Fixez vous-même le salaire.
— Eh bien ! trente talents pour t'apprendre à parler,
 Trois cents pour t'apprendre à te taire.

LA BÉDOLLIÈRE (Émile de), né à Amiens le 24 mai 1812, débuta en 1826 par plusieurs pièces de vers insérées dans la Psyché. Il est auteur de nombreuses publications et attaché depuis le mois de juillet 1849 à la rédaction du Siècle. Après avoir réuni les matériaux du présent recueil, il doit s'excuser d'y avoir inséré les fables suivantes, qui le déparent peut-être, mais qui ont l'avantage d'être inédites.

La Marée montante.

Sur le bord de la mer des enfants s'amusaient.
Rien n'altérait l'éclat de la voûte azurée ;
Mais contre les rochers en montant se brisaient
 Les flots houleux de la marée.
 Pensant la faire dévier,
Les bambins entassaient, d'une main impuissante,
Des digues de cailloux cimentés de gravier
 Contre la vague envahissante.
Un pêcheur au front chauve aperçut par hasard
Ces fous, qui se croyaient les maîtres du rivage.
 Amis, leur cria le vieillard,
Prêtez l'oreille au bruit de l'océan sauvage.
En bâtissant des murs de sable et de galets,
Vous n'arrêterez pas sa marche sûre et prompte.
 Les lames viennent ; voyez-les !
 Prenez garde à vous ! la mer monte.

Ce conseil fut perdu. Les jeunes étourdis
 Par un vain espoir enhardis,
Ne l'écoutèrent point. Mais déjà sur le sable
S'allongeait autour d'eux un cercle infranchissable.
Que pouvait le pêcheur ? Il était vieux et seul...
A leur niveau prescrit les vagues arrivées,
Dans leurs plis écumeux, comme dans un linceul,
Roulèrent les enfants qui les avaient bravées.

L'exemple doit vous avertir,
Ennemis des progrès que le temps nous amène ;
 Vous n'entendez point retentir
Le sourd mugissement de la marée humaine :
Vous voulez entraver par de faibles remparts
L'irrésistible flux que votre orgueil affronte ;
O vous que l'avenir presse de toutes parts,
 Prenez garde à vous ! la mer monte.

La Girafe et le Hanneton.

La girafe, bien loin des régions brûlantes
 Où ses jours avaient commencé,
 Excitait au jardin des plantes
Les transports d'un public autour d'elle empressé.
Dans un étroit enclos qu'enfermait un treillage,
 Elle errait d'un air négligent.
Les spectateurs disaient : Quel superbe pelage !
Quel ambre gracieux ! quel œil intelligent !
Un pauvre hanneton, perdu dans le feuillage,
Entendit ce concert, et l'insecte obligeant
Y voulut joindre aussi son modeste suffrage.
 Pour lui rien n'était plus aisé,
 Car la tête de l'Africaine
 Atteignait la cime lointaine
 Sur laquelle il était posé.
Il bourdonne ces mots : Haute et puissante dame,
J'admire votre éclat sans en être envieux.
 Quand tout un peuple vous proclame
 La souveraine de ces lieux,
Quel plaisir, quel orgueil doivent combler votre âme !
La girafe répond : — Jeune étranger, merci.
Certes, la bienveillance a dicté ton hommage :
 Mais crois-tu qu'il me dédommage
 Des chagrins que j'éprouve ici ?
 Non : la louange m'importune ;
J'appréhende le bruit des badauds en émoi.
Les grâces, la beauté qu'ils célèbrent en moi,
 Sont cause de mon infortune.
Elles ont sur mes pas attiré les chasseurs
 Dans les déserts où j'étais née.
Elles ont séparé de celle de mes sœurs
 Ma misérable destinée.
Parce que je suis rare entre les animaux,
 Au sol natal on m'a ravie ;
Une prompte agonie achèvera mes maux,
 Et j'aurai froid toute ma vie.
Toi, du moins, aux rayons de ton soleil natal,
Tu réchauffes en paix tes élytres dorées,
Et tu pourras brouter jusqu'au terme fatal
Les feuilles et les fleurs que Dieu t'a préparées.
 Va, les grandeurs et la beauté,
 Ces vains objets d'idolâtrie,
Compromettent souvent notre sécurité.
Applaudis-toi de vivre au sein de ta patrie,
 Dans une douce obscurité.

Le Choix d'un corps.

En ses rêves profonds Pythagore a raison.
L'âme est de corps en corps constamment exilée.
Selon ce qu'elle a fait, quand elle est envolée,
Elle a droit de choisir sa nouvelle prison.
Des mondes inégaux sont semés dans l'espace,
Et chaque être créé de l'un à l'autre passe.
Il naît sur un soleil d'un ordre inférieur ;
En d'autres plus parfaits tour à tour se promène,
Et de ses facultés élargit le domaine,
Pour être digne enfin du monde le meilleur.

Ce n'est pas celui-ci ; mais en ses longs voyages,
Toute âme doit chez nous faire une station.
Ce globe est un degré de la création,
    Une étape à travers les âges.
Or une âme sortant d'une étoile des cieux,
Voltigeait dans l'azur, errante et solitaire,
    Quand un ange au front gracieux
Vint lui dire : Le sort t'appelle sur la terre :
L'ordre préétabli qui marque ton chemin
T'oblige à respirer cette atmosphère épaisse,
Et t'enrôle au milieu de la bizarre espèce
    Que l'on appelle genre humain.
    De ton existence passée
Tu n'as point de remords, et tu sus mériter,
Comme une âme de bien, d'être récompensée.
Choisis donc le logis que tu veux habiter.
Te plaît-il, en vertu des droits héréditaires,
De naître sur le trône, ou d'avoir pour parents,
Des riches, des bourgeois, de simples prolétaires ?
— Je vois bien à chacun des langes différents,
    Répondit l'âme philosophe.
Mais tous les nouveau-nés sont faits de même étoffe ;
A la même clarté leurs yeux se sont ouverts;
Ils grimacent de même en leurs berceaux divers.
Au chevet des enfants la douleur est assise,
Dans le rang le plus humble ou le plus élevé.
Bel ange, sur mon pensée indécise,
Montre-moi l'avenir qui leur est réservé.
    — L'avenir est un grand mystère,
    Reprit le divin messager;
    Mais, jette un regard sur la terre :
Les rois sont exilés sur le sol étranger.
    Leur puissance décline et tombe;
Vieux titres, parchemins, priviléges, blason
    Sont consumés en hécatombe
    Sur les autels de la raison.
L'homme brise aujourd'hui, d'une main empressée.
    Les idoles qu'il se forma;
L'orgueilleuse opulence est aussi menacée
    Par le malheur qu'elle opprima.
    De souffrir le peuple se lasse,
    Il se relève avec fierté.
Il grandit, parle en maître, et réclame sa place,
Au nom de la justice et de l'humanité.
Certain de son pouvoir, désormais sans colère,
Il pourra détrôner des abus séculaires.
    Aisément il démolira
    Un édifice qui chancelle.
    L'heure approche où s'accomplira
    La délivrance universelle!

    L'ange dit, et l'âme soudain
    Traversa les champs de lumière;
Et, devant les palais passant avec dédain,
    Elle entra dans une chaumière.

La Mouche gourmande.

Une mouche aperçut une jatte de crème.
Bon! se dit l'insecte en lui-même,
    Si mes yeux ne s'abusent pas,
Voici qui me promet un excellent repas !
A ces mots, notre mouche en bourdonnant s'attable
    Sur le bord du lac argenté,
    Puis avec sensualité
    Pompe la liqueur délectable.
Balthazar en personne n'en eût été jaloux.
    Outre mesure elle prolonge
    Un régal qui lui semble doux;
Et bientôt, se lassant de boire à petits coups,
Dans le vase de lait l'imprudente se plonge.
Elle n'en put sortir; des ailes et des pieds
En vain elle essaya de ramer vers la rive.
    Le poids de ses membres mouillés
Entraîna dans les flots la pauvre fugitive!
Méditez cet exemple, ô trop nombreux gourmands,
Dont l'avide estomac se charge d'aliments;
L'homme dont les banquets tiennent l'âme occupée
Use dans les excès son corps et son esprit.
    La gourmandise, un sage autrefois nous l'a dit,
    Est plus mortelle que l'épée.

Le Chemin de fer et les Moutons.

    Un chemin de fer traversait
    Une importante métairie;
    Souvent, le convoi qui passait
Réveillait en sursaut toute la bergerie.
Les moutons consternés jugèrent à propos
    De tenir une conférence.
Amis, laisserons-nous troubler notre repos?
    Dit l'un d'eux avec assurance:
    Eh quoi! par des inventions
    Plutôt infernales qu'humaines,
On viendra nous braver dans nos possessions!
    On envahira nos domaines!
    Est-il, après tout, si puissant
Ce long serpent de fer à la gueule enflammée,
Qui dresse avec orgueil sa crête de fumée
    Et se déroule en mugissant?
Dans le chemin tracé qu'il suit comme un esclave,
Ne peut-on à sa marche apporter une entrave?
Essayons-le; que les tronçons
Du monstre qui chez nous croit jeter l'épouvante,
Désunis par l'effort d'une masse vivante,
Couvrent de leurs débris les prés où nous paissons!

Ainsi parle un mouton , les autres applaudissent.
En dehors de l'enclos leurs escadrons bondissent.
Sur le chemin de fer les voilà déployés...
    Le convoi passe, ils sont broyés !...

Que d'hommes au bon sens sont aussi peu dociles!
Par leur présomption se laissant emporter,
    Ils se chargent sans hésiter
    Des tâches les plus difficiles,
S'attaquent aux plus forts avec témérité,
En se croyant toujours les chances favorables,
Et succombent bientôt, victimes misérables,
De leurs illusions et de leur vanité.

BALLY (Mlle Louise-Eugénie) a publié en 1851 de jolies *Historiettes en vers*.

La vraie Parure.

Vois ces charmants bijoux, vois ces riches dentelles,
    Ces frais rubans, ces étoffes nouvelles,
Disait Julie à Claire, aimable et belle enfant:
Mon père me les donne;... il est fier et content
Lorsque dans un salon je suis la plus parée;
Moi... j'aime assez être admirée,
Sans mépriser pourtant ceux qui n'ont pas de bien.
Mais, Claire, tes parents ne te donnent donc rien?
Ta parure est si simple!... — Ils me donnent sans cesse,
Dit Claire en souriant... Ma mère, avec tendresse,
Me donne des conseils que je garde en mon cœur,
    Comme un espoir, un gage de bonheur.
Et mon père, si riche en science, en sagesse,
Me donne des leçons!... Il est fier et content
Quand d'un talent nouveau je me montre parée,
Et pour le rendre heureux il faut que son enfant
    Sans parure soit admirée.

SÉGUR (Anatole de), préfet de la Haute-Marne en 1851, a publié des fables à Paris, 1847.

Le Lis et la Goutte de rosée.

Sous les rayons brûlants d'un ciel d'or et d'azur,
    Quand toute fleur se flétrit et se penche,
Pourquoi donc, ô beau lis à la couronne blanche
Gardes-tu seul un front si brillant et si pur?
    — C'est qu'une goutte de rosée,
Par les pleurs de l'aurore en mon sein déposée,
Y conserve toujours une douce fraîcheur.

Et, semblable au beau lis, c'est ainsi, jeune fille,
Que ton front virginal toujours sourit et brille,
Parce que l'innocence habite dans ton cœur.

Le Café et le Pavot.

Le café, le pavot, ces remèdes divins
Que le ciel a donnés à la race mortelle
    Pour médecine universelle,
    Du fond de deux bocaux voisins
Un jour se prirent de querelle.
Chacun se prétendant plus utile aux humains.
Le café disait : Quoi! plante sans énergie,
Toi dont les sucs glacés et les froides vapeurs
Ne peuvent inspirer que de molles langueurs,
Sais-tu donc, comme moi, d'une santé flétrie

Ranimer les mourants ressorts,
Et dans un corps usé faire couler la vie?
Je surmonte les maux, et toi tu les endors.
— Soit, en ce point garde l'empire,
J'y souscris volontiers, quoi que j'aie à redire;
Réplique avec lenteur le tranquille pavot.
Mais pour te répondre en un mot,
Je fais de mon côté ce que tu ne peux faire.
— Eh quoi? — Tu fais parler un sot,
C'est beaucoup; moi, je le fais taire.

L'Immortelle et les Épis.

Vaine de ses nombreux printemps,
Et relevant sa tête altière,
L'immortelle raillait des épis jaunissants
Qui près d'elle tombaient sous la faux meurtrière :
Je vous ai vus naître en ces champs,
Et vous mourez, et je vis, disait-elle,
Et ce jour n'aura pas pour vous de lendemain;
Mais pour moi, la fleur immortelle,
Le printemps de retour me retrouve nouvelle,
Et le jour est bien loin qui verra mon déclin.
Un épi répondit : Ne soyez point si vaine
D'échapper toujours au trépas,
Car si vous en valiez la peine,
On ne vous épargnerait pas.
D'un amas de printemps stérile
Cessez de tirer vanité.
Quand la mort est féconde et la vie inutile,
Mieux vaut la mort que l'immortalité.

ROUSSET (ALEXIS) est l'auteur d'un recueil de *Fables* publiées à Lyon en 1848.

Les deux Fermiers.

Oui, le travail est un trésor;
Mais le repos est nécessaire :
Ménageons de longs jours à la poule aux œufs d'or.

Un fermier voyant son confrère,
Après trois ou quatre ans d'un fructueux labeur,
Mettre un an ses champs en jachère,
S'écria : C'est un grand malheur
Que de manquer d'intelligence.
N'est-il donc plus d'engrais? Notre voisin, je pense,
Veut pour lui-même un peu de doux repos aussi.
Le paresseux! je vais profiter de ceci
Pour lui montrer mon savoir-faire.
Il dit. Quand approche janvier,
Notre homme couvre de fumier
Les sillons glacés d'une terre
Dont lui-même est propriétaire
Et qui déjà depuis quatre ans,
Bienfaisante et féconde mère,
Lui donnait des fruits abondants.
Il en arrache encore une bonne récolte.
L'an qui suit, il obtient un peu moins de succès.
— N'importe, allons toujours, et redoublons d'engrais.
La nature épuisée à la fin se révolte
Et ne donne plus que des fruits
Malingres, sans saveur, malsains, ridés, pourris;
Tandis que le voisin obtenait de sa terre,
Après un repos salutaire,
Les fruits les plus sains, les plus beaux,
Et les récoltait par monceaux.

V*** (LAMBERT-FERDINAND-JOSEPH), auteur d'un volume de fables publiées à Paris en 1840 et adressées à M. le baron de Stassart.

Le Cuisinier et la Caille.

Un cuisinier mit des oiseaux en cage,
Où la graine ne leur manquait.
Dès que leur embonpoint marquait
Qu'ils pouvaient avec avantage
Figurer à la broche, il leur tordait le cou,
Et vis-à-vis de la logette,
Pour les plumer, en pendait douze au clou,
En attendant qu'arrivât la brochette.
Au bout d'un temps, dans la prison
Il ne resta plus qu'une caille :
Elle avait vu par la cloison
Comment pour la ripaille

Ses pauvres compagnons avaient sauté le pas.
— Heureusement, se disait-elle,
Mon corps n'est point très-gras;
Je vais me mettre à chanter de plus belle;
Ma voix à trousse-lard plaira;
N'en doutons point, en vie il me conservera.

Par l'espoir se laissant séduire,
Le malheureux toujours croira
Facilement ce qu'il désire.

La Fougère et le Buisson.

Que je te plains, pauvre fougère!
Dit un jour le buisson;
Couchée humblement sur la terre,
Tu t'élèves à peine au-dessus du gazon.
Les amants invités par ta douce verdure
A goûter sur ton sein le repos et le frais,
Bien souvent foulent tes attraits;
Tu dois le souffrir sans murmure.
Me verra-t-on jamais supporter une injure?
Si quelque main m'approche, aussitôt de mes traits
Je punis son audace extrême.
L'autre lui répondit : L'on te craint et l'on m'aime.

Le Nez et les Yeux.

Ennuyé de porter lunettes,
Le ministre de l'odorat
Dit aux yeux : C'est pour vous que ces dames sont faites;
Je me lasse à la fin de leur servir de bât.
Il vous les jette à ces mots dans la rue.
Qu'advint-il? Que les yeux privés de guides sûrs
Donnent contre les murs,
Où le nez aplati reconnaît sa bévue.

LORRIN (THÉODORE), né à Soissons, membre des Sociétés philotechnique et des antiquaires de France, a fait paraître en 1851 des *Fables* qui ont obtenu du succès.

L'Hirondelle et la Tourterelle.

Pourquoi rester ainsi dans tes foyers?
Disait la légère hirondelle
A la sensible tourterelle.
Imite-moi, parcours les pays étrangers;
Tu pourras acquérir de vastes connaissances,
De cent peuples divers étudier les mœurs,
Et, cultivant les arts et les sciences,
T'ouvrir ainsi le chemin des honneurs.
Moi, reprit l'humble oiseau, quitter mon doux asile,
Ma vie obscure mais tranquille,
Pour des voyages fatigants!
A quoi bon, s'il te plaît? Mon époux, mes enfants
Me trouveront toujours assez savante.
Quant à moi, de mon sort je suis plus que contente,
Puisque je possède leur cœur.
Des voyages lointains peuvent, je le confesse,
Nous procurer plaisir, savoir, honneurs, richesse;
Mais ce n'est qu'au logis qu'on trouve le bonheur.

FILLEUL DE PÉTIGNY (Mlle CLARA), *Fables offertes à l'enfance*, Troyes, 1850.

Le Ver à soie et l'Araignée.

Un ver à soie
Travaillait lentement;
Une araignée insolemment
Lui dit : Combien plus que vous je déploie
D'activité!
De mon ouvrage observez la beauté
Et la finesse.
Oui, sans que je me presse,
Avant midi
Je veux avoir ourdi
Tout le tissu de ma dentelle.
— D'accord, mais aussi que vaut-elle?

De nos auteurs féconds
Je plains la destinée,
Leurs toiles d'araignée
Ne seront jamais des cocons.

LACHAMBAUDIE (Pierre), né à Montignac, petite ville du département de la Dordogne, le 16 décembre 1807, d'un père ancien officier et percepteur des contributions; il fit ses premières études dans le pensionnat de sa localité et ensuite sa philosophie au séminaire de Sarlat. Ses humanités terminées, il débuta comme tant de jeunes gens dont plusieurs sont aujourd'hui de hauts personnages, par se faire maître d'études, humble fonction qu'il exerça jusqu'en 1828 et dont il se délassait dans le commerce des Muses; car dès l'âge de dix ans la vocation poétique s'était manifestée chez lui par la composition d'une fable.

Il se fixa à Paris en 1833, et y publia en 1839 son premier recueil de fables. D'abord méconnu, il a fini par être placé, sans contestation, à la tête des fabulistes modernes. Ses fables, dont l'idée est toujours si ingénieuse et l'exécution si achevée, ont été couronnées deux fois par l'Académie, et neuf éditions successives sont loin d'en avoir épuisé la vogue. La dernière a paru chez Pagnerre, en 1851.

L'Avare et la Source.

Au pied d'une colline, une limpide source,
Bientôt ruisseau paisible, arrosait dans sa course
Les champs riches d'épis, les prés riches de fleurs.
D'un paisible sommeil ignorant les douceurs,
Et pressant dans sa main les cordons d'une bourse,
Un avare, en passant, sur ses bords vient s'asseoir,
Et dit : Tu devrais bien, source trop imprudente,
Pour conserver tes flots de ton urne abondante,
Te creuser sous la terre un vaste réservoir.
Là, dans ta profondeur te contemplant sans cesse,
Tu connaîtrais enfin l'ineffable richesse,
Au lieu de t'épuiser pour des vallons ingrats.
Crois-moi, c'est le conseil et l'exemple d'un sage...
— C'est l'exemple d'un sot, d'un méchant personnage!
Votre égoïsme étroit ne me tentera pas.
Je veux par des bienfaits signaler mon passage ;
Et quand le rossignol chante sur le bouleau,
Quand la fille des champs vient se mirer dans l'eau,
Quand de son aile, enfin, m'effleure l'hirondelle,
Je murmure d'orgueil dans mon lit de cailloux.
Oh! de tant de bonheur qui ne serait jaloux!
Dites, ne dois-je pas vous servir de modèle?
Que si l'été brûlant me tarit quelquefois,
Bientôt l'eau du ciel tombe et me rend à la fois
Mes flots et le plaisir de les répandre encore...

A l'avare inhumain notre mépris est dû :
Mais celui que tous un saint amour dévore,
Qu'un amour éternel par tous lui soit rendu.

Le Bœuf gras et son Compagnon.

A pas lents le bœuf gras délaissant le village,
Allait du carnaval augmenter les plaisirs.
Un de ses compagnons revient du labourage,
Et lui parle en ces mots, après de longs soupirs :
Heureux frère! tu pars, oubliant la charrue,
Et, lorsque couronné de festons et de fleurs,
Roi fastueux et fier, tu suivras chaque rue
Aux acclamations de la foule accourue,
Moi j'aurai pour partage et le joug et les pleurs...
Le laboureur lui dit : — N'envions pas sa gloire;
Son triomphe d'un jour le conduit à la mort!

L'histoire du bœuf gras, c'est aussi notre histoire;
Rarement la grandeur est un bienfait du sort...

Le Prince et le Rossignol.

Un prince dans les bois entend un rossignol :
Chantre inspiré, dit-il, jusqu'à mon prends ton vol;
Je veux payer tes chants d'un bonheur ineffable,
D'un bonheur qu'envieront tous les oiseaux du ciel.
Tu pourras à ton gré, voltigeant sur ma table,
Puiser dans le cristal l'ambroisie et le miel;
Sur le mol édredon tu feras de doux songes;
Dans une cage d'or on t'entendra chanter;
Enfin mille tableaux, délicieux mensonges,
Dans tes bosquets absents sauront te transporter.
— Laissez-moi, dit l'oiseau, le cristal des fontaines
Et les buissons ardents dont je cueille les graines,
Laissez-moi des vallons l'écho mélodieux,
Mes palais de verdure et ma voûte dans les cieux.
J'ai parmi les roseaux bâti mon lit de mousse,
Hamac obéissant au zéphyr qui le pousse ;
Je redoute bien plus l'atmosphère des cours
Que l'orage et la foudre et l'ongle des vautours.
Sous le nom de bonheur, vous m'offrez l'esclavage;
Et votre cage d'or, c'est toujours une cage.....

Les deux Moineaux.

Vers la fin du printemps, saison des pâquerettes,
Saison riche pour les poëtes,
Mais bien pauvre pour les oiseaux,
Aux champs habitaient deux moineaux.
Bientôt, n'ayant plus de quoi vivre,
Au désespoir le plus jeune se livre.
L'autre lui dit : Je vais au loin
Pourvoir à ce pressant besoin;
Sans doute le ciel aura soin
De veiller à notre existence.
Que des grains ou des fruits tombent en ma puissance,
Je les cueille et viens sans retard
T'apporter la meilleure part;
En attendant, prends patience.
Adieu ! Disant ces mots, il part.
Longtemps il vole en vain ; rien ne s'offre à sa vue.
Sur le soir, cependant, il trouve un cerisier;
Or, les fruits étant mûrs, il mange à plein gosier,
Il mange, le glouton, jusqu'à la nuit venue,
Et, trop vite oubliant que son frère avait faim,
Il s'endort jusqu'au lendemain.
Au lever du soleil, vers le nid il se hâte,
Portant des fruits au bec, des fruits à chaque patte.
Il vole, vole, arrive; hélas! il n'est plus temps,
Car son frère était mort depuis quelques instants.

Tel, issu des rangs populaires,
Au pain des grandeurs s'engraissa,
Qui laisse dans l'oubli le nid qui le berça,
Et dans leur infortune abandonne ses frères.

Le Livre et l'Épée.

Dans un réduit obscur, une longue rapière
Se couvrait chaque jour de rouille et de poussière.
Apercevant un livre, elle lui parle ainsi :
Que je hais le repos où je languis ici !
Tu reçois les honneurs et chacun me délaisse ;
Et je suis cependant plus utile que toi.
Tandis que dans les cœurs tu sèmes la mollesse,
Je vole droit au but; tout tremble devant moi.
Je voudrais, m'éloignant de ces froides murailles,
Vivre, comme autrefois, de sang et de batailles...
Le livre lui répond : — Le glaive a fait son temps:
On ne convertit plus par la force brutale.
Ralentis, vieillard, noble preux, ta valeur martiale;
Où je vois des amis, tu vois des combattants.
Tu portes en tous lieux la haine et la vengeance,
Et moi je prêche à tous paix, amour, espérance.
Quand tu vas promenant tes sanglantes fureurs,
Par de sages conseils je corrige les mœurs.
Allons, garde ta rouille et renonce à la guerre.
Voit-on le laboureur toujours creuser la terre?
Il détèle ses bœufs, il pose l'aiguillon,
Et puis sa main répand le grain dans le sillon.
Ainsi comme le soc tu sus remplir ton rôle.
Moi, je vais désormais, répandant ma parole,
Faire germer pour tous des épis nourriciers :
Laisse-moi l'avenir, et dors sur tes lauriers.

La Locomotive et le Cheval.

Un cheval vit un jour sur un chemin de fer
Une machine énorme, à la gueule enflammée,
Aux mobiles ressorts, aux longs flots de fumée.
En vain, s'écria-t-il, ô fille de l'enfer!
En vain tu voudrais nuire à notre renommée.
Une palme immortelle est promise à nos fronts,
Et toi, sous le hangar honteuse et délaissée,
Tu pleureras ta gloire en naissant éclipsée.
De vitesse avec moi veux-tu lutter? — Luttons !
Dit la machine; enfin ta vanité me lasse.
Elle roule, elle roule, et dévore l'espace ;
Il galope, il galope, et d'un sabot léger
Il soulève le sable et vole dans la plaine.
Mais il se berce, hélas! d'un espoir mensonger!
Inondé de sueur, épuisé, hors d'haleine,
Bientôt l'imprudent tombe et termine ses jours;
Et que fait sa rivale, elle roule toujours.

...a routine au progrès veut disputer l'empire;
Le progrès toujours marche, et la routine expire.

La Fleur et le Nuage.

L'été règne : une fleur languissante au vallon
    Appelle un nuage qui passe :
    O toi qui voles dans l'espace
    Sur les ailes de l'aquilon,
    Verse-moi tes flots de rosée,
    Et par toi ma tige arrosée
    Verra renaitre son printemps...
    — J'y penserai, dit le nuage;
    Mais je dois remplir un message :
    Attends!...
Il s'éloigne. Elle meurt, vers la terre penchée.
Le nuage revint sur la fleur desséchée
Répandre, mais trop tard, ses ondes par torrents.

Toujours le malheureux nous trouve indifférents;
    Mais quand sous sa croix il succombe,
    Souvent nous allons sur sa tombe
Semer de vains regrets, de stériles trésors:
Ni largesses ni pleurs ne réveillent les morts..

Le Bonheur et la Pauvreté.

La Santé, le Plaisir ayant dressé la table,
Au modeste repas d'un actif laboureur
    Présidait le Bonheur.
Traînant des noirs soucis l'escorte lamentable,
Courbant son front creusé de douloureux sillons,
La Pauvreté, fantôme aux sinistres haillons,
    Par la porte pénètre,
    Et le Bonheur épouvanté
    S'enfuit par la fenêtre.

Ma fable vous a dit la triste vérité :
Le bonheur ne vit pas avec la pauvreté.

Les deux Abeilles.

Heureux ceux que l'amour, que le travail unit :
    La Providence les bénit.

Dans le creux d'un vieux mur, et languissante et frêle,
Se lamentait d'une voix grêle
Une abeille qui, sans parents,
Au hasard promenait ses pénates errants.
Nulle sécurité: ses rayons presque vides
Offraient ample curée à des fourmis avides.
Une autre abeille arrive et lui dit : O ma sœur,
Pourquoi donc vivre ainsi solitaire, isolée?
Viens : le printemps s'éveille au fond de la vallée,
Nous ouvrant ses trésors de parfum, de douceur.
Tandis qu'ici, malade, inconsolée,
Tu n'as pas un ami, pas un seul défenseur,
Dans la ruche, là-bas, une chaîne commune
Nous lie étroitement à la même fortune.
Qui cimenta ces nœuds? L'intérêt, l'amitié.
Dans le bien, dans le mal nous sommes de moitié.
    Vigilantes, laborieuses,
Vivant sans jalousie et sans ambition,
Nous avons su trouver le secret d'être heureuses.
—Ce secret, quel est-il?— L'association !

La Goutte d'eau.

Un orage grondait à l'horizon lointain,
Lorsqu'une goutte d'eau, s'échappant de la nue,
Tombe au sein de la mer et pleure son destin.
— Me voilà dans les flots, inutile, inconnue,
Ainsi qu'un grain de sable au milieu des déserts.
Quand sur l'aile du vent je roulais dans les airs,
Un plus bel avenir s'offrait à ma pensée :
J'espérais sur la terre avoir pour oreiller
L'aile du papillon ou la fleur nuancée,
Ou sur le gazon vert m'asseoir et briller...
Elle parlait encore : une huître, à son passage,
S'entr'ouvre, la reçoit, se referme soudain.
Celle qui supportait la vie avec dédain
Durcit, se cristallise au fond du coquillage,
Devient perle bientôt, et la main du plongeur
La délivre de l'onde et de sa prison noire;
Et depuis on l'a vue éclatante de gloire
Sur la couronne d'or d'un puissant empereur.

O toi, vierge sans nom, fille du prolétaire,
Qui retrempes ton âme au creuset du malheur,
Un travail incessant fut ton lot sur la terre;
Prends courage! ici-bas chacun aura son tour :
Dans les flots de ce monde, où tu vis solitaire,
Comme la goutte d'eau tu seras perle un jour...

Le Figuier stérile.

Un jour, sur la montagne annonçant l'Évangile,
    Jésus fut surpris par la faim;
S'écartant de la foule, il aperçut enfin
    Un figuier... un figuier stérile.
Apprends, dit le Seigneur, apprends, figuier maudit,
Que tout arbre stérile est indigne de vivre,
Et qu'aux feux éternels il faut que je te livre.
En tremblant aussitôt le figuier répondit:
Révoquez, ô Seigneur, la fatale sentence !
Sur l'aride rocher je reçus l'existence;
Je courbai mille fois mes rameaux agités
Sous le vent des hivers, sous le feu des étés;
    Jamais une onde fécondante
N'infiltra sous mes pieds une sève abondante;
    Jamais la main du vigneron
Ne détruisit la ronce attachée à mon front:
Or, n'ayant rien reçu, que pourrais-je vous rendre!
    Il dit; alors, sans plus attendre,
Jésus, de sa justice apaisant la rigueur,
L'arrache et le transporte au pied de la montagne,
Où, prospérant bientôt sur un sol producteur,
Il donna par milliers des fruits au voyageur.

Combien de parias que la honte accompagne,
Sur le roc du malheur rameaux abandonnés,
A végéter sans fruits semblent prédestinés !
Loin de les condamner au vent de l'anathème,
De la manne des arts qui pleut sur vos élus,
Riches, versez sur eux l'ineffable baptême:
Cultivez-les, vos soins ne seront pas perdus.

DU CHAPT (Claude-Théophile), né à Bourges le 5 juillet 1802, avocat à la cour royale de Bourges de 1825 à 1830, entra en 1832 dans la magistrature. M. Duchapt a rédigé pendant vingt ans avec succès un journal de jurisprudence, ce qui ne l'empêche pas d'être un poète distingué. Ses fables, publiées à la fin de 1850, lui ont mérité les éloges de toute la presse. M. Barrière disait de son volume, le 18 avril 1851, dans le feuilleton du *Journal des Débats* : « On y trouve du feu, de la poésie, une verte allure, un peu de babil, mais vif et spirituel, souvent élégant, toujours de bon goût. Apologue et jurisprudence, codes et muses, graves arrêts et jolis vers, l'auteur a su tout concilier. Ses fables seront beaucoup lues, et son ouvrage est digne d'obtenir les suffrages les plus flatteurs. »

La Vigne et le Camélia.

Une vigne, accrochée aux branches d'un tilleul,
Raillait un camélia sur sa petite taille.
L'autre lui répondit : Ta grandeur qui me raille
A besoin d'un appui; je me soutiens tout seul.

L'Enfant et l'Échelle.

Des enfants, l'autre jour, jouaient à la cachette,
J'en vis un qui monté dans un grenier à foin,
De peur qu'elle ne fît découvrir sa retraite,
Poussait à coups de pieds et rejetait au loin,
Au risque presque sûr de la briser, l'échelle
    Dont il venait d'avoir besoin
    Pour grimper dans sa citadelle;
    Et cela ne m'étonna point,
Car plus d'un homme fait lui ressemble en ce point.
    Il est même fort ordinaire
D'en trouver qui, comblés d'honneurs, de dignités,
Méconnaissent la main qui fit leur sort prospère :
Ingrats qui vont jetant leur échelle par terre
Pour qu'on ne sache pas comment ils sont montés.

Le Soulier et la Savate.

    Certain petit soulier mignon,
De la beauté du jour chaussure délicate,
    Fut un soir, voyez le guignon!
    Avec une vieille savate
Par mégarde jeté sur le même rayon.
    De se voir pareil compagnon,

Sa fierté se trouva blessée :
Holà, s'écria-t-il d'une voix courroucée ;
　Lise, Angélique, Marion,
　Accourez vite, et qu'on emporte
　Ce dégoûtant brimborion.
Est-ce près des gens de ma sorte
Qu'on doit placer un tel objet ?
Fi ! quelle horreur, comme il est laid,
Comme il est sale et comme il pue !
— Hélas ! monsieur, lui dit, d'un ton modeste et doux,
　La malheureuse qu'il conspue,
　Je conçois bien votre courroux
　　Et vos dégoûts.
　Ils sont naturels, et ma vue,
　Je dois l'avouer, entre nous,
　Pour les inspirer est bien faite.
Jadis pourtant, chaussure élégante et coquette,
　Et soulier mignon comme vous,
J'eus, comme vous aussi, mes beaux jours et des fêtes
Où, dans l'éclat du lustre et de la nouveauté,
Un instant on m'a vue au pied de la beauté
Resplendir, et l'aider à faire des conquêtes.

Ce sont leurs gros pieds qui m'ont mise.
Quant à vous, monseigneur, qui faites fi de moi,
　Et dont la fierté me méprise,
　Songez au sort qui vous attend
　Quand vous ne serez plus de mise,
　Et ne vous rengorgez pas tant.
　Car c'est en vain que l'on se flatte,
　En vain qu'on voudrait l'oublier :
　Toute savate fut soulier,
　Tout soulier deviendra savate.

LE CHEMIN DE FER ET LES MOUTONS (La Bédollière).
　Sur le chemin de fer les voilà déployés ;
　Le convoi passe, ils sont broyés.

LE TRONE DE NEIGE (baron de Stassart).
　Vous que la fortune protège,
　Vous êtes sur un tas de neige...
　Du soleil gare le rayon !

　　Mais que ces beaux jours
　　　Furent courts !
　Que promptement ils s'écoulèrent
　　Et se changèrent
En des jours de deuil et d'ennuis,
Plus noirs que les plus sombres nuits !
Le temps qui toute chose envieillit et déforme,
　Ternit mon lustre en moins de rien,
　Et je fus mise à la réforme :
　Triste sort alors que le mien !
　De la maîtresse délaissée,
　Aux servantes je suis passée ;
　Et dans l'état où je me vois

Le Factionnaire.

C'est une vérité cent fois dite et redite,
Mais qu'on ne saurait trop dire encor de nos jours,
　Qu'en ce monde on n'a pas toujours
　　Ce qu'on mérite.

J'avais porté mes pas vers le palais des rois ;
　Un soldat en gardait l'entrée.
Son front chauve et sa joue autrefois déchirée
　Attestaient de lointains exploits.

Sur ses traits obscurcis d'une noble poussière,
　On lisait que sa vie entière
Pour son pays ne fut qu'un long combat ;
　Et pourtant, à sa boutonnière
Mon œil cherchait en vain la croix chère au soldat.

Pensif, je m'arrêtais ; quand soudain à ma vue
S'offrit un jeune fat au maintien orgueilleux :
L'étoile de l'honneur, à son sein suspendue,
Des rayons du soleil réfléchissait les feux.

Le soldat l'aperçut et lui porta les armes ;
Mais au bruit du mousquet se joignit un soupir,
Et mes yeux dans les siens virent briller deux larmes
Qu'il s'efforçait de retenir.

www.ingramcontent.com/pod-product-compliance
Lightning Source LLC
LaVergne TN
LVHW022208080426
835511LV00008B/1640